中国史

全书系

神话时代至战国

罗玉池◎著

山西出版传媒集团　三晋出版社

图书在版编目（CIP）数据

极简中国史.神话时代至战国 / 罗玉池著 . -- 太原：
三晋出版社 , 2024. 8. -- ISBN 978-7-5457-3059-3

Ⅰ . K209

中国国家版本馆 CIP 数据核字第 2024J2N947 号

极简中国史·神话时代至战国

著　　者：罗玉池

责任编辑：落馥香

出　版　者：山西出版传媒集团·三晋出版社

地　　址：太原市建设南路 21 号

电　　话：0351—4956036（总编室）

　　　　　0351—4922203（印制部）

网　　址：http://www.sjcbs.cn

经　销　者：新华书店

承　印　者：三河市同力彩印有限公司

开　　本：787mm×1092mm　1/16

印　　张：12

字　　数：128 千字

版　　次：2024 年 8 月第 1 版

印　　次：2024 年 8 月第 1 次印刷

书　　号：ISBN 978-7-5457-3059-3

定　　价：68.00 元

如有印装质量问题，请与本社发行部联系　电话：0351—4922268

目录

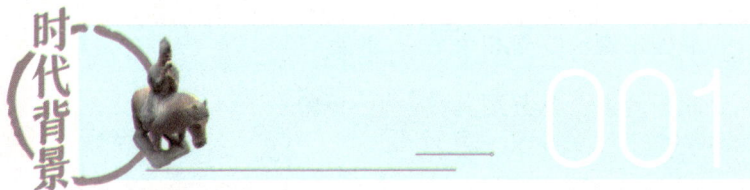

目录

历史人物

107

大事记 _____ 182

时代背景

中华文明是世界上历史最悠久的文明之一。当我们讨论一个地域的历史时，需要分成两个部分。

人类的文字是比较晚才发明出来的，所以历史学家把有文字记载以前的历史叫作史前史，前一个"史"字指文字写下来的历史；而另一个"史"字是指有确切的文字所记载的历史。没有文字记载的史前史有几百万年，而有记载的历史则只有几千年。

那么如何去了解那些没有文字记载的漫长历史呢？目前我们依靠的是专家学者的研究和考古材料的发掘。通过那些在地底下埋藏了几百万年后又重见天日的各种化石和历史遗迹，人们才慢慢拨开迷雾，走进我们先祖的世界。

在生物学家看来，人是由猿猴进化来的，那么人和猿的区别是什么呢？就在于是否能够制造劳动工具。所以人们根据工具的水平，把人类的漫长历史分为几个阶段。目前在中国大地上发现的化石，从元谋人到北京人再到山顶洞人，也基本印证了这个论断。当历史行进到仰韶文化和大汶口文化时，人类便迈向了氏族社会的阶段。

不过尽管史前史没有文字来证明，但是人们会把一些故事通过口耳相传的方式留存下来。随着时间的推移，这些故事慢慢演变成了许许多多的神话传说。比如盘古和女娲的故事，比如炎黄子孙是如何来的。

▲殷墟甲骨文

　　夏朝是中国第一个王朝，延续了500年左右的时间，由商朝终结。商朝是第一个有文字记载的王朝，它的疆域大大超过了夏朝，文明程度也相当高。最典型的代表之一就是这时候出现的甲骨文，这是已知的中国最早的成熟文字，而另一个典型代表就是当时的人已经能够制造和使用青铜器。

　　夏、商之后的中国古代第三个朝代是周朝，周朝也是中国历史上时间最长的王朝。从武王伐纣到秦灭六国，它一共经历了接近800年的时间。不过我们在这本书中，重点讲述其前200多年的历史，我们把这段时期称作西周。西周的物质和精神文明迅速发展，给后世带来

▲后母戊鼎

了深远的影响。除了农业繁盛，西周工商业水平也进一步提高，这一时期所设立的宗法制和分封制，成了中国后来几千年历史中延续的制度和文化，直到今天也影响着我们的思维和习俗。

总的来说，从远古人类到古代社会，从神话传说到夏商西周的历史，相信在这次跨越成千上万年的历史旅程后，我们会更加了解中华文明为何被称为最为古老的文明，我们也会从这些流传至今的故事中汲取更多先辈们的智慧。

群雄争霸的时代

西周时期，周天子有着天下共主的威权；"礼乐征伐自天子出"。但西周灭亡后，平王东迁，东周开始，周王室开始变得软弱无能，诸侯国群雄并起，周王朝渐渐失去了对各封地的威慑力。大国争相充当霸主，于是引发了诸侯国之间几百年的战争，强大的诸侯国脱颖而出，如春秋时期以齐国为首的"春秋五霸"，战国时期的"战国七雄"。这便是历史上的"春秋战国"，即从公元前770年到公元前221年。

春秋战国的几百年间，中国社会发生了巨大变化。为了富国强兵，在诸侯间立于不败之地，各国的改革变法接连不断，新的国家制度慢慢成形；同时，春秋战国时期的文化也空前繁荣。杰出的学者聚徒讲学，著书立说，这时期出现了许多在历史上留下浓墨重彩的大思想家，如孔子、老子、庄子、孟子等，儒家、道家、墨家、法家等学派不断涌现，"百家争鸣"的思潮就此出现，他们的思想至今影响着中国人的精神世界。除此之外，文学艺术也有很大的发展。我国第一部诗歌总集《诗经》、楚国大诗人屈原所作的《离骚》等，都是中国文学史上的不朽经典。

总的来说，从春秋到战国，这段战乱连年又动荡不安的时代，正是中国历史上极其重要的变革期。

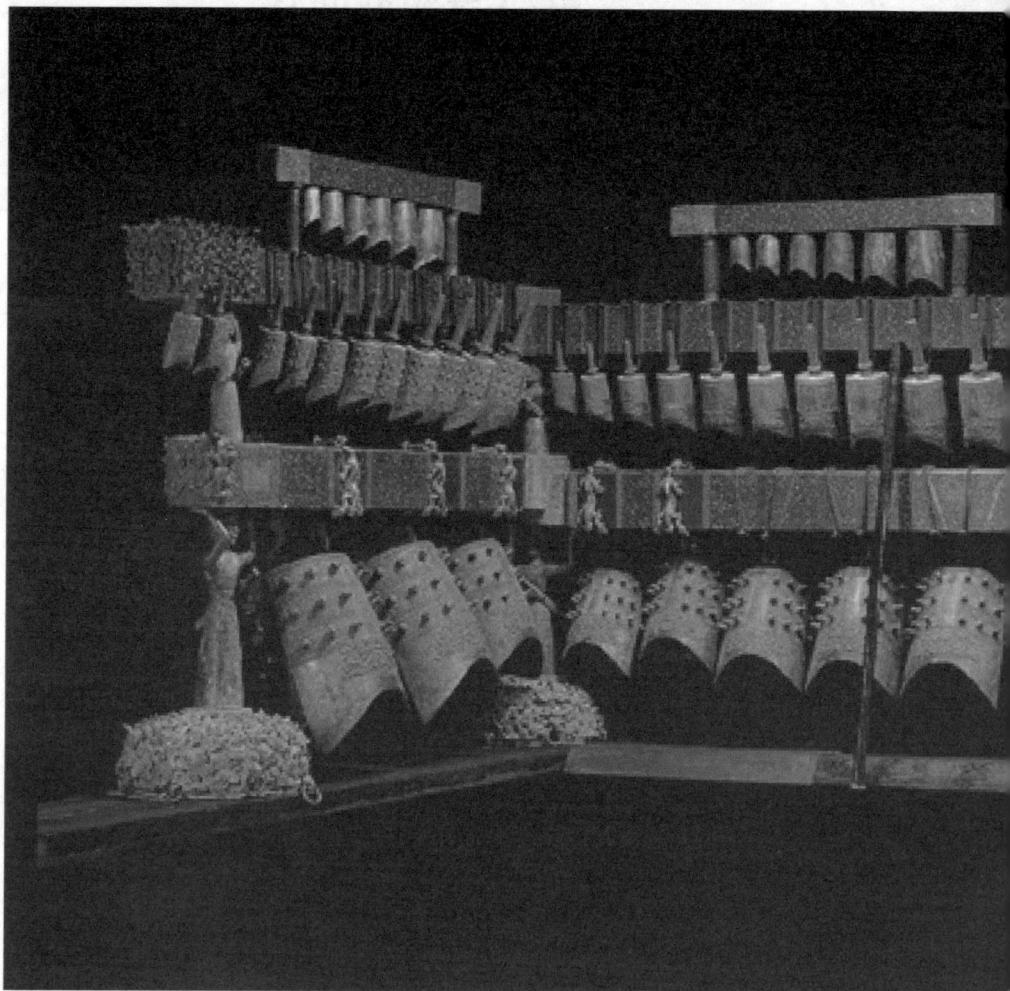

▲曾侯乙编钟

历史事件

远古文明：从元谋人到大汶口文化

中国的原始社会可以追溯到旧石器时代。1965 年，考古学家在云南省元谋县的一个小村庄里，发现了两颗人类的牙齿化石。经过古地磁法的测定，科学家们发现它们来自距今约 170 万年的世界。尽管这个数字在后来的研究中出现争议，但不可否认，元谋人是已知的中国境内最早的人类。

最早的人类：从元谋人到山顶洞人

元谋人曾经生活在一片郁郁葱葱的亚热带原始森林中，各种各样的动物在这里繁衍生息。元谋人用石头做成简单的工具捕获猎物，再用火烹饪成食物。

与元谋人的形态相似，但生活在更晚一点年代的原始人类是"北京猿人"，他们的秘密埋藏在北京周口店龙骨山的山洞里。1921 年，他们第一次被瑞典和奥地利的两位科学家发现。后来，中国的考古学家陆陆续续地挖掘出更多的化石遗迹。

北京人生活在距今约 70 万年到 20 万年，那里曾是一片气候温暖湿润的森林。北京人已经学会直立行走，他们嘴巴前突，鼻子扁平，

▲元谋人牙齿化石

颧骨高突，眉骨粗大。不过尽管外貌和现代人差距很大，但他们已经学会制作更多工具，使用火并保存火种。疾病、野兽和自然灾害会让北京人丧失生命，所以他们常常几十人居住在一起，相互保护，但他们中的大多数在14岁左右时就夭折了。

在发现北京猿人的周口店龙骨山山顶，有一个石钟乳洞。在距今约1.8万年前，山顶洞人曾经生活在这里。他们的体格外貌和现代人类更加接近，文化水平也大大提高。在山顶洞内，人们发现了一根残长82毫米的骨针，可见当时的山顶洞人或许已经学会缝制衣服。考古学家们还发现山顶洞人有许多丰富多样的装饰品，如穿孔的兽牙、海蚶壳、小石珠、小石坠、鲩鱼眼上骨和刻沟的骨管等，一些饰品还被染成了红色。这说明他们已经懂得用赤铁矿粉末进行染色，也表明他们生活条件的改善，使得他们有了闲暇来思考生存以外的事情。

▲北京人头部复原像　　　　▲山顶洞人头部复原像

除此之外，山顶洞人已经懂得在人死后进行埋葬，他们不再像此前的原始人类随意聚居而生，而出现了根据血缘关系形成的氏族社会。

"巫山人"化石：谁是中国最早的人类？

1985年，考古学家在重庆市巫山县的一个村庄里，发掘出两颗残破的白齿和骨片。它们来自一种新的原始人类，被称为"巫山人"。根据现在的检测结果，"巫山人"的年代可能比元谋人更早，也就是说，它们可能是中国境内迄今发现最早的人类化石，不过这个问题，还有许多争议。到底谁才是中国最早的人类，还有待科学家们的继续探索研究。

氏族社会：半坡、河姆渡与大汶口文化

最早出现的氏族中，女性在氏族社会里居于领导地位。当时的人不认识自己的父亲，只认识自己的母亲。这一社会的典型代表就是半坡文化与河姆渡文化。

半坡文化与河姆渡文化

半坡文化出现在黄河中游地区，属于新石器时代的仰韶文化，代表着北方的农耕文化。1952 年，考古学家在陕西西安的半坡村发现其遗址。这个遗址面积大约有 5 万平方米，分居住区、制陶作坊区和氏族公共墓葬区三部分。他们生活在距今约 6800 年到 6300 年间。农

▲陶壶·河姆渡文化遗址出土

耕渔猎、驯养家畜，是半坡人生活中的日常。制造和打磨石器对他们来说也不是难事，彩陶则在当时十分流行，因此也被称为彩陶文化。考古学家们还在这里发现了大量的石制和骨制的生产工具，这也是黄河流域规模最大、保存最完整的母系氏族村落遗址。在这一时期的长江流域，也有一群人生活在如今的浙江省余姚市的河姆渡村。这就是1973 年被发掘的河姆渡文化遗址。他们的生活与半坡人类似，黑陶是河姆渡文化的一个重要特色。同时，在发掘过程中，考古学家发现了大量人工栽培的稻谷，这也是目前世界上最古老、最丰富的稻作文化遗址。

大汶口文化

随着人类社会的发展，男性成了家族的中心，能够决定氏族中食物的分配。距今约 6500 年至 4500 年的大汶口文化就是这一文化的典型代表。

20 世纪六七十年代，考古学家在山东省泰安市的大汶口发现了一些特别的墓葬。在墓穴里，一个男子伸直肢体仰卧，一个女子在其右边，侧身弯曲身体面向着他，而随葬品都在男性那侧。这就说明，男子的地位更高了。其实，生活在大汶口的原始人类，曾经也以女子为领袖，只是后来慢慢地改为尊崇男性。

大汶口的人们对手工制品的制作也越来越熟练。他们在一开始只能制作粗糙的石器，到后来他们学会了制作白陶，甚至连玉器和象牙做的工具和装饰品也不在话下。养的家畜也越来越丰富，猪肉是他们

▲八角星纹彩陶豆·大汶口文化遗址出土

最喜欢的食物，有时候他们也会将一些凶猛的鱼类端上餐桌。

因为生产水平的进步，大汶口文化时期的人发现自己的食物和工具开始出现剩余，但有的人剩的多，有的人剩的少。所以，这时候人们开始分成了穷人和富人。穷人死后，墓葬里几乎什么都没有；而富人的墓穴里，却像一个宝库。

除此之外，因为生活环境改善，人口也开始慢慢增长，部落也慢慢增多。而部落和部落之间开始争夺土地、食物和人口，联盟和战争也成了大汶口人生活中的一部分。

这些部落慢慢发展，孕育了中国早期的王朝——夏王朝。

神话时代：开天和造人

在部落时代，人们还不能完全理解自然界的万千现象，例如电闪雷鸣、地震洪水、彩虹日食。他们把这些对未知世界的好奇与恐惧，都凝聚在奇妙的神话传说中，世代相传。

盘古开天辟地

神灵故事的开端，一般是从盘古开天辟地讲起。虽然这个故事最早的完整记载出现在三国时期的《三五历纪》中，但在先秦时期就可能已经开始流传。根据这本书的记载，在很多很多年以前，天和地还没有分开，宇宙混沌一片，没有上下左右之分，什么都看不见。盘古就在混沌中出生。他在混沌中沉睡了一万八千年，突然醒来后，发现世界模糊一片，于是便摸出一把斧子用力朝着眼前的混沌一劈，混沌忽然破裂开来。其中一些轻盈清澈的东西，冉冉升起变成了天；而另外一些浑浊沉重的东西，缓缓下沉变成了地。就这样，天和地分开了。但盘古仍不放心，怕它们又合拢到一起，于是他站在天和地之间，顶着天立着地，随着它们的变化而变化，天每天升高一丈，地每天加厚一丈，盘古的身体也随之增加。就这样，又过了一万八千年，天已经

▲北宋·王诜《盘古图》

很高了，地也已经很厚了，盘古的身体也变得很长。到最后，天和地的距离已经有了九万里。

到了明代，《五运历年纪》的记述中又补充了更多的故事。在天地分开后，盘古也倒下了，在垂死之际他把自己的身体化为了天地之间的万物。他的气息变成了风和云，声音变成雷鸣，左眼变成了太阳，右眼变成了月亮，四肢变成了大地东西南北四个方位，五体变成了五岳，血液变成了江河湖海，筋脉变成了大地纹理，肌肤变成了大地，头发胡须变成星辰，皮肤汗毛变成地上的草木，而牙齿骨骼则是金属和石头，精气真髓就是珠宝和玉石，流下的汗水化为润泽大地的雨水。最后，他身上的小虫被风拂过，化身为万千的黎民百姓。

女娲造人补天

盘古开创了天地，女娲则创造了人类。早在先秦时期的《山海经》和《楚辞》中，就有将女娲描绘为上古女神的记载，但是最早提出造人故事的，则要到东汉时期的《风俗通义》。相传天地初分时，世界上还没有人，女娲就决定用黄土团根据自己的样子捏土造人。可是，需要的人太多了，她竭尽全力也没办法捏出足够的小人。于是，她拉起一根绳子扔进泥浆，再举起来一甩，洒落地上的点点泥浆就变成了一个个小人。女娲还跟上苍祷告，让她成为人类的女媒，给男人和女人安排婚姻，让人类能够世世代代地繁衍生息。

关于女娲补天的故事，早在西汉时期的《淮南子》中就有记载。

▲伏羲女娲图

远古时代，四根大柱矗立在东南西北四方支撑着天地。有一天，水神共工不满颛顼（zhuān xū）的统治，大战颛顼，结果失败了。共工恼羞成怒，一头撞向支撑西北天的不周山，擎天大柱突然倾倒，天破了个巨大的窟窿，天再也不能覆盖大地，而大地也无法承载万物。人间像炼狱一般，大火肆虐，洪水滔天，怪兽四处残害生灵，猛禽抓走老人和小孩。

女娲看到她创造的人类正遭受巨大灾难，于是冒着危险，冶炼五色石来修补苍天的破洞，又砍下大鳌的四足当作擎天支柱。然后她又将芦苇烧成灰，填平了大地的裂缝，堵住了洪水，还把作恶多端的猛兽赶到荒无人烟的地方。

终于，天被修补好了，天地四方也恢复原样，洪水退去，中原大地又恢复了生机，人们重新开始无忧无虑的生活。但女娲并未离去，她背靠着大地，怀抱青天，让春天温暖，夏天炽热，秋天肃杀，冬天寒冷。她头枕在方尺上、身躺在准绳上，当世界出现问题、对百姓不利时，她就及时消除。当人们的生活彻底安定后，女娲才驾着雷电做的马车，回到九天之上。

伏羲开天创世

除了盘古和女娲创造天地和人类的说法，也有古籍记载了另一位神灵伏羲开天创世的故事。相传，天地本来混沌无光，伏羲以阴阳为界限，画出了一个太极图。从此天地分明，日月运行，万物生生不息。

也有另一个说法是，天地尚未形成时，世界混沌未开，伏羲和女娲两个天神，结为夫妇，生了四个孩子。这四个孩子成了代表一年四季的大神，老大叫青干，老二叫朱四单，老三叫白大枬（nán），老四叫墨干。他们开辟了大地，并交由禹和契（xiè）来管理。那时候还没有日月，禹和契就制定历法让星辰每日有序升落，让山陵江海畅通。一千多年后，日月出世。从此九州太平，天下安宁。四神还造了一个天盖，使它旋转，并用五色木的精华加固天盖。从此日月星辰在天上时时守护着人类。

第三种说法是，伏羲和女娲在世界毁灭后重新造人。相传，世界上突然洪水泛滥，伏羲和女娲在石狮子和乌龟的保护下，躲过了洪水，但此时世界上已经没有人类，他们便结为夫妻，一同再捏黄土造人，并成为汉人的始祖。

传说时代：五帝时代

中国的远古神话并没有一个完整的神灵世系。一般来说，女娲和伏羲之后出现的大神是炎帝神农。神话学家认为，如果伏羲代表着原始社会捕鱼打猎的时期，那么神农则标志着社会发展更进一步，来到了农耕时期。

在这一时期，有五位杰出的部落联盟首领：黄帝、颛顼、帝喾（dì kù）、尧、舜。他们因为伟大的功绩，被后世尊称为五帝，他们统治的这段时间，在历史上被合称为"五帝时代"，大概是公元前3000年到公元前2000年。

神农尝百草

神农，又叫炎帝神农氏，在"五方上帝"的神国中，他是属于南方的天帝。也有说法是，上古时期姜姓部落的首领因为懂得用火而被称为炎帝，而神农氏就是其中一位首领。不过，他之所以被称为"神农"，是因为他在农业上作出了极大的贡献。

相传有一天，炎帝正在为部落寻找食物，他突然看见一只红色的小鸟在他头上盘旋，小鸟的嘴里还衔着一串东西。鸟儿飞了三圈后，

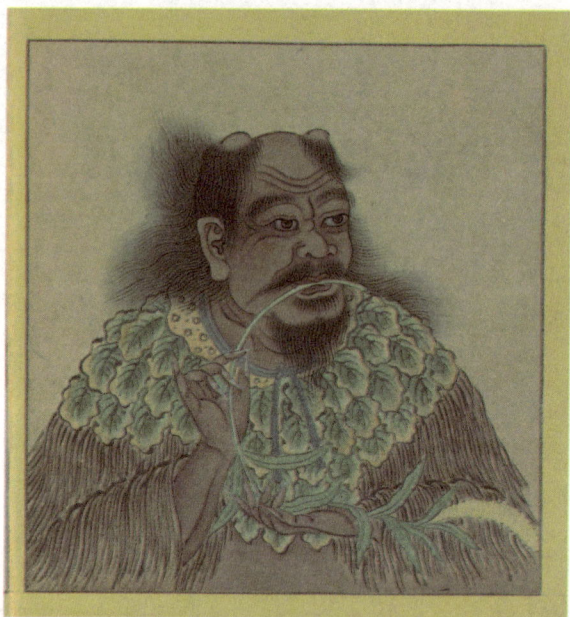

神農氏

炎帝神農氏姜姓母曰安登少典妃入身牛
首以火德王都於陳遷曲阜初植五穀斲木
為耜揉木為耒始教民稼穑聚天下之貨日
中為市以火紀官嘗百卉之味制醫藥以療民
疾諸侯夙沙氏叛不用帝命其臣箕文諫而被
誅帝益修厥德夙沙之民玟其君而來歸在
位一百四十五年崩於長沙之茶鄉

▲神农像 清·无名氏《历代帝王圣贤名臣大儒遗像》

把那一串东西吐在了炎帝的脚下。炎帝捡了起来，鸟儿又围住他飞了三圈，啼叫了三声后就飞走了。炎帝心想，这一定是天帝派红鸟送来的食物种子，于是他用木头制成耒耜（lěi sì，古代一种像犁的翻土农具）来松土，然后播种种子。终于种子长成幼苗，到了秋天，一大片谷物成熟了，人们的粮仓都堆满了。大家感念炎帝的功德，从此都称炎帝为"神农"。

可食物还是常常不够，所以当时的人们还会采摘野果、捕猎鸟兽来填饱肚子，但时常因为吃错食物而生病，甚至中毒死去。又因为药物和五谷百花生长在一起，分不清哪些才能用来治病。为了让部落的人民摆脱疾病的折磨，神农冥思苦想，终于决定自己亲自尝试百草，并观察这些草药的药性和功用。

神农尝出来稻（水稻，去壳后为大米）、黍（shǔ，黄米）、稷（jì，粟、小米）、麦（小麦）、菽（shū，大豆）可以吃，并把种子带回去让人们种植。不过，这个工作十分危险，最危险的一天他遇到了七十种毒。但他宁愿自己受苦，也要坚持下去。终于有一天，神农在找药的过程中尝到了断肠草，因此痛苦地死去。人们为了纪念他，就把这个"神农尝百草"的故事世代相传。而他的经验也世代相传，在汉朝时被汇编成为《神农百草经》流传于世。

炎黄、蚩尤大战

黄帝，是稍后于炎帝出现的一个大神。他是"五方上帝"系统中位处中央的天帝，司马迁在《史记》中将他立为五帝之首。《史记》中记载，黄帝是当时的一个与炎帝部落很近的姬姓部落的首领，因诞生在轩辕之丘，因此也叫轩辕黄帝。其实这种将原始部落的首领比作天神的故事还有很多，这或许是当时的人们为他们的功绩所震撼，在传诵他们的事迹时，越来越夸张，最后这些首领变成了我们如今看到的天神，所以他们的故事常常是历史与神迹混合在一起。

断头战斗的刑天

相传，刑天原本是炎帝手下的一个巨人。炎帝在阪泉之战输给了黄帝后，他的手下都非常不服气，所以蚩尤举兵进攻黄帝时，归顺蚩尤的刑天也参与了这场战斗。黄帝砍断了刑天的头，并埋在常羊之山。但没想到的是，刑天用自己的乳头作为眼睛，用肚脐作为嘴巴，重新活了过来，挥舞着他的武器要继续和黄帝战斗。后来东晋的诗人陶渊明写的诗句"刑天舞干戚，猛志固常在"，便是在称颂刑天的英勇。

阪泉大战

《史记》中说，黄帝出生的时代，正是神农氏领导的部落秩序衰亡的时候，部落之间经常相互侵略，民不聊生，而神农氏已经没有精力统治部落。黄帝轩辕氏便乘势而起，他从小习武，能征善战，除了蚩尤（chī yóu）以外的各方部落纷纷归附于他，形成了炎帝、黄帝和蚩尤三足鼎立的局面。炎帝决定侵略其他部落，扩大自己的影响，反而让其他部落纷纷投奔黄帝。因此黄帝和炎帝的矛盾越来越大，终于

黄帝有熊氏

帝姓公孫諱軒轅有熊國君之子與榆罔戰於阪泉滕之禽殺蚩尤於涿鹿以土德王都涿鹿舉風后力牧太山稽常先大鴻得六相而天地治神明至以雲紀官命大撓作甲子容成定氣運隸首作算數伶倫造律呂榮猨和五音大容作咸池之樂帝作晃旒制宮室容歧伯作内經元妃西陵氏教民蠶鳳皇巢於阿閣麒麟遊於苑囿採首山之銅鑄三鼎於荆山之陽八月既望鼎成帝崩在位百年；百二十一歲葬於橋山

▲黄帝像　清·无名氏《历代帝王圣贤名臣大儒遗像》

他们在一个叫阪泉的荒野发生了三次激烈的战争。

开战后，黄帝率领"熊、罴（pí）、狼、豹、貙（chū）、虎"六部军队与炎帝遥相对峙。起初，炎帝偷袭黄帝，以火围攻，让轩辕城外浓烟滚滚，暗无天日。黄帝请应龙浇灭了火焰，又率兵将炎帝的部队赶回了阪泉河谷中。在河谷口，黄帝竖起了七面大旗，摆开星斗七旗的战法，布阵练兵，看得炎帝的士兵眼花缭乱，不敢进攻。黄帝在此操练三年，军队战斗力变得更强。更重要的是，他利用练兵做掩护，派人花了三年时间将河谷的洞穴挖出一条通道，直通炎帝军营的后方。最终，黄帝趁炎帝不备，带兵从洞穴中来到炎帝军营后方，活捉了炎帝。

黄帝胜利了，炎帝心服口服地听从黄帝的领导。此后，黄帝与炎帝以及其他从属于他们的部落，结成了更大的联盟。

涿鹿（zhuō lù）大战

有一个叫蚩尤的部落首领为争夺土地和牧猎，不愿听从黄帝的指挥，向黄帝发动进攻。黄帝便征召他所统领的各个部落，联合起来与蚩尤在一个叫作涿鹿的地方展开大战，这也就是五帝时期最著名的"涿鹿之战"。

据传闻，蚩尤的军队展开了猛烈的进攻，而且用法术布下了毒雾阵。黄帝的军队瞬间迷失了方向。黄帝和臣子们一起赶忙研究出来指南车，黄帝的军队在指南车的指引下冲出了毒雾阵。蚩尤接着又发动了由怪物组成的特殊战斗，黄帝见状，也发动了早就训练好的虎、豹、熊、罴等猛兽。蚩尤的军队大败，蚩尤也被黄帝杀死了。

从此之后，没有人敢再挑战黄帝的权威，纷纷归顺于他，将他尊为天子。相传黄帝有25个儿子，赐姓的有14个人，共得到了12个姓，有姬、祁、滕、任、荀等，这些人再加上炎帝的子孙以及炎、黄二帝的大臣们，经过慢慢发展，逐渐形成了中国大多数的姓氏。而我们现在所说的华夏民族也因此正式形成，并发展为中华民族的主要部分。这也是现在的中国人常常说自己是炎黄子孙的由来。

尧舜禅让

黄帝之后，他的孙子颛顼和曾孙帝喾先后成为部落的首领，把部落发展得越来越壮大。帝喾的儿子尧，也当上了部落的首领。尧在做领袖时，生活简朴，和大家一样住茅草屋，吃糙米饭，煮野菜为汤，夏天披件粗麻衣，冬天只加块鹿皮御寒，衣服、鞋子都要到处都是破洞了才肯更换，因此深得人们的爱戴。

尧在位七十年后，年纪大了，需要选择接替自己位置的人。有人推荐了尧的儿子丹朱，但尧拒绝了，因为他认为丹朱粗野凶狠，常常闹事，并不适合做部落联盟的首领。于是，尧决定召开部落首领会议，让大家一起推荐人选。大家推荐了舜，说他很有孝行，家庭关系处理得当，部落里的人都很愿意和他做邻居，因为有他在，人们都互相谦让和睦。这引起了尧的兴趣，决定对舜考察一番。

尧将自己的两个女儿娥皇、女英嫁给了舜，从两个女儿那里考察

▲帝尧像　清·无名氏《历代帝王圣贤名臣大儒遗像》

▲傅抱石《二湘图》

▲帝舜像　清·无名氏《历代帝王圣贤名臣大儒遗像》

帝舜有虞氏

帝姓姚黄帝八代孙摄位二十八载尧崩即位以木德
王都蒲阪在璿玑玉衡以齐七政令禹为司空弃为后稷
契为司徒皐陶为士益为共工益为朕虞伯夷为秩宗夔
为典乐龙作纳言是所谓九官也师后夔诹蒲衣观善卷
学于务成昭立诽木设旌旃以广直言之路诹不逮於总
章养国老于上庠宪其行止贵德上齿藏金捐珠杜滨郊
而纪观媚调五弦歌南风诗九招之乐於民如父母有惜怛之
忧子商均不肖为禹於天使代己位南廵狩於苍梧之野在
位六十一载寿一百一十岁

舜。舜带着两位夫人一起搬到了妫（guī）水边居住，教她们勤俭持家，他们一家生活和睦，从来没有发生过任何争吵。尧还想考察一下舜如何用人，便派了自己的九个儿子跟随舜，借此观察他的行为。九个人在舜的身边越久，对舜越发敬重，这让尧非常满意。尧还让舜处理政务，在舜的领导下，国家的事情被处理得井然有序。

在考验舜二十八年后，尧对舜非常满意，觉得他有才有德，可以管理好国家，便将帝位禅让给了舜，这便有了后来"尧舜禅让"的美谈。

舜继位后，并没有辜负人们的期望。他常常去各地巡视，还延续了部落联盟会议，选拔有能力的人处理民生百事，积极进行改革。他让八元管土地，八恺管教化，契管民事，伯益管山林川泽，伯夷管祭祀，皋陶（gāo yáo）管理刑罚。这其中，他任用的一个最著名的人，就是大禹。

大禹治水

相传，当尧还在世的时候，中原地区经常洪水泛滥，淹没了人们的庄稼和房屋，许多人只能背井离乡，处境艰难。尧决心消灭水患，大家一致推荐了一个叫鲧（gǔn）的部落首领去治理洪水。

鲧的方法是在岸边设置河堤，把洪水挡在河道里，可是尽管他一直兢兢业业地治理水患，但是洪水仍旧越来越高，最终冲破堤坝，造成了更大的灾难。九年过去了，洪水的问题还是没有解决。后来，舜当了部落联盟的领袖，处死了鲧，又根据众人的意见派了鲧的儿子禹接替他的工作。

改堵为疏

大禹改变了治水的思路。他认为，仅仅依靠"水来土挡"的蛮力是不能从根本上解决这个问题的，而是应该采取疏导的方法，让大水能够顺利地东流入海。大禹首先率领众人，跋山涉水，考察山川地形，设计合适的疏导方案。他带着量尺和量绳，仔细分析每一座山的形态，每一条河的走向。然后他集中人力，开山填壑，清理河道。他发现黄河上游的龙门山和梁山之间只有很狭窄的通道，黄河水很难从这里通过，于是率领众人在这里拓宽了通道，将水引了过去。因为龙门太高，许多鱼儿到了这里就游不过去了，只能拼命地往上跳，虽然只有极少数能跳过，但跃过的都变成一条条小龙，在空中飞舞。

就这样，大禹整整花了十三年的时间，最终将洪水引入大海，过去被淹没的土地变成了良田，人们又能够修建房屋，过上安居乐业的生活。

三过家门而不入

因为全身心地投入治水工程，这十三年里，大禹三次路过家门都没有回去看一看。第一次经过家门时，大禹听到妻子正在分娩，家中传出痛苦的呻吟以及随后婴孩哇哇的啼哭声，众人劝他回去看看，他怕耽误治水而拒绝了。第二次经过家门时，大禹的儿子正在妻子的怀

大禹

帝黄帝之玄孙也姓姒父鲧治水无功舜殛之禹
继父业劳身焦思居外十三年过家之门不入乘
四载川开九州通九道波九泽度九山水害皆息
尧乃锡以玄圭告其成功既即位以金德王都安邑
会诸侯于涂山执玉帛者万国铸九鼎八象九州恶
白酒斟善言作乐曰大夏娶涂山氏女曰娇生子启
荐益于天七岁崩在位二十七年寿一百岁益避位
于箕山天下之人不归益而归启

▲大禹像　清·无名氏《历代帝王圣贤名臣大儒遗像》

▲ 清·谢遂《仿唐人大禹治水图》

中使劲朝他挥手。他远远地看着，也挥了挥手，忍着泪离开了。大禹第三次经过家门时，儿子已经十岁，跑过来使劲把他往家里拽，他摸着儿子的头说，治水成功之日，才是他回家之时。

大禹"三过家门而不入"被传为美谈，大禹也因治水有功，舜便将帝位禅让给了他。大禹继任后重新组织了部落联盟，建立了夏朝。随着禹建立夏朝，部落文化从此结束，中国历史进入了新的阶段。

中国最早期王朝：夏朝与商朝

从原始人类到部落社会，经过几千年的演进后，在无数个部落联盟中，终于诞生了中国第一个王朝——夏王朝。

夏朝的发迹：夏启立国与太康失国

夏朝是司马迁所撰写《史记》中记载的中国最古老的王朝。不过人们对于夏朝的了解，也只能从后世的追述中得到，这些故事大多带有传说的意味。夏朝大致从公元前 21 世纪到公元前 16 世纪，历时约 500 年，其统治范围大概以今天的河南省西部为中心，势力影响从黄河南北延伸到长江流域。

传说，因为大禹治水有功，舜又派他去讨伐祸乱中原的三苗。禹与三苗进行一场历时七十余天的大战，禹大获全胜，将三苗彻底打败。自此大禹得到了众多部落首领的拥护，舜也非常赏识他，并把王位传给了禹。

为了进一步增加自己的威望，禹继位后，在涂山（今安徽省怀远县境内）召集各个部落的首领共同商讨国家的统治问题，并确立了自己的领导地位。涂山之会标志着大禹王权的确立。按照部落联盟以往的禅让

皋陶

高陽氏有才子八人天下謂之八愷共六田庭堅即皋陶之字帝舜命為士明於五刑以弼五教刑期於無刑民協於中

▲皋陶像 清·无名氏《历代帝王圣贤名臣大儒遗像》

制，禹推举东方的首领皋陶作为继承人，但皋陶早早去世，禹又推举伯益作为继承人。可没想到，大禹死后，伯益继承王位，许多部族并不臣服，大禹的儿子启便率领各部族打败了伯益，成功夺得王位。

于是伯益和另一个部落有扈氏联盟，讨伐启。但是启最终赢得了战争，正式将"公天下"变为"家天下"。这在中国的历史上是一件大事，标志着禅让制被世袭制所取代，漫长的原始社会被私有制社会所替代，夏朝的统治正式确立。

然而，夏王朝建立初期，政权并不稳固。启的儿子太康继位。太康贪图玩乐，不理朝政，还和自己的五个兄弟发生内讧。而此时东边的一个部落首领后羿趁机进攻夏朝的首都，并赶走了太康，夺取了夏朝的王权。太康四处逃亡，最后客死他乡。后世将这段历史称为"太康失国"。

夏朝和商朝的更迭

太康去世后，他的弟弟仲康、仲康的儿子相、相的儿子少康先后继位。最后，经过多年的准备，少康联合了各个部落的力量，把后羿的继承者寒浞（zhuó）消灭掉，恢复了对夏王朝的统治。少康吸取了前人的经验教训，勤勉治国，夏王朝重新走向繁荣，后世称为"少康中兴"。

少康之后的几代君王，大多励精图治，他们一方面努力发展经济，另一方面也重视发展武器和制造兵甲，通过征战把夏朝的版图扩展得越来越大。此外，他们还用自己的文化影响周边的部落，这些部落纷纷归附。

夏桀暴政

不过，好景不长，到孔甲做君王时，他的一些行为引起了周边部落不满，他们之间的关系逐渐恶化，而夏内部的氏族纠纷也越来越多，这些都让夏王朝的国力越来越衰弱。到了夏桀做君王时，夏朝的处境更加恶化。夏桀十分暴虐好战，因为给夏上贡的部落日渐稀少，他便经常讨伐他们，以武力威逼他们提供贡品，这引起了其他部落的诸多怨言。

不仅如此，夏桀还十分贪图美色享乐，完全不顾民间百姓的疾苦，这让他在国内也失去了很多支持。相传他命人召集大量百姓，为他修建瑶台来玩乐。他还从各地搜寻美女，其中一位叫妺喜（mò xǐ）的女子特别得他宠爱。夏桀日夜与妺喜在瑶台玩乐，还将饿虎放在闹市中，同她一起欣赏人们惊恐逃命的样子。

国中的百姓苦不堪言。夏桀听说人们骂他不得人心，满不在乎地说："天上的太阳完了，我才会完。"百姓听了，就指着天上的太阳说："太阳啊，你什么时候灭亡？我们愿意和你一起灭亡！"

时日曷丧

夏朝的末年，夏桀的统治残暴无比，人们都对他恨到了极点。但夏桀浑然不自知，他还把自己比作天上的太阳，认为自己为天下作出

▲夏桀骑人图

了大大的贡献。面对他的暴政，老百姓忍无可忍，对着天上的太阳诅咒他："时日曷丧，吾及汝偕亡。"就是说，你这太阳什么时候才能灭亡啊，我愿意与你同归于尽。后来这个词就用来形容对某事某人痛恨到极点，发誓不愿意与他共同存在。

商汤灭夏

因不能忍受夏桀的暴政，名叫汤的商族部落首领决心联合其他部落推翻夏桀的暴政。为取得胜利，汤在发动战争前，做了许多细心的筹备。他不仅营建新的国都，派出间谍前往夏王都考察敌情，还调集粮草和人马，训练军队，先后消灭了夏王朝的主要支持者，削弱夏桀的实力。

大约在公元前 1600 年，经过周密的策划，商汤决心正式兴兵讨伐

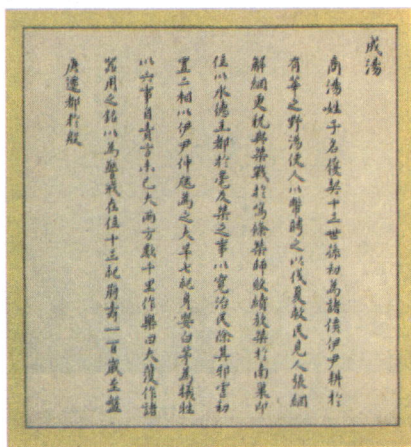

▲成汤像 清·无名氏《历代帝王圣贤名臣大儒遗像》

夏桀。商汤的部队因为准备充分，一路上战无不胜，直接攻打到了夏朝的王都。夏桀仓皇逃窜，最终逃到了一个叫作鸣条的地方。经过十分激烈的战争，双方在鸣条进行决战，商汤大败夏桀。夏桀逃走，不久就病死了。

随后商汤继续消灭夏王朝的残余势力，占领了夏王都，夏朝的贵族纷纷表示愿意归附。最后，商汤举行了祭天仪式，向夏朝的臣民表示自己的讨伐是上天的旨意，现在由他代替夏桀，成为新的领袖。至此，中国历史上的第一个王朝夏朝宣告结束，商朝就此建立。

商朝的兴衰

在建立商朝前，商部族生活于黄河下游、华北北部地区，他们在历史上曾经多次迁徙，直到在"鸣条之战"后，取代夏王朝成为新的中原王朝。商朝建立后，商汤吸取了夏朝灭亡的教训，施行仁政，深得民心。他推行各种政策，促进了商朝的农业与工业的发展。

盘庚迁殷

商朝建立之初，汤建都于亳（今河南商丘），但这个地方经常发生洪涝灾害，再加上王族内部发生王位的争夺，所以在以后的三百多年里，一共迁都五次。一直到了商朝的中后期，传了二十个王，到盘庚继承了王位。盘庚为了摆脱这样的困境，决定迁都到殷（今河南安阳）。一方面，这里土地肥沃，有利于建立都城和发展农业；另一方面，这样可以抑制原来的贵族势力，也能避开叛乱势力的攻击，更加安全。

但是这个决定遭到了贵族们的强烈反对，他们贪图安逸不愿离开。盘庚并没有退让，他一方面耐心地将迁都的好处说给他们，另一方面也警告他们如果不愿服从将有严重的后果。最终，盘庚成功地实现了迁都。果然，殷的自然环境优良很多，盘庚也通过迁都打击了旧的势力，清理了敌人，提高了自己的威望。从此，商朝的都城就永久地固定在殷，后世便把商朝叫作"殷商"。

盘庚之后，他的侄子武丁也是一个贤良的君主，他任用了许多贤能的人帮助他处理政事。再加上盘庚时代打下的基础，在武丁统治时期，商朝的政治、经济、文化都得到了很大的发展，历史上称为"武丁中兴"。

纣王失国

可惜的是，武丁开创的太平盛世只是昙花一现。武丁死后，后面的诸王时期，国内外的矛盾十分尖锐。到了第三十一位商王帝辛，也就是我们所熟知的商纣王，他英勇好战，力气过人，决心用武力征服周边不愿臣服的部落。商纣王先后征讨东边莱夷和南方九苗，将商的势力延伸到了东海和长江流域。但是这并没有帮助他巩固王位。一方面，商朝连年征战，劳民伤财，国内怨声载道；另一方面，纣王嗜好喝酒，贪恋美色，日日寻欢作乐，不理朝政，甚至将劝诫的臣子囚禁或是杀害。在这种情况下，他的支持者越来越少。

与此同时，岐山的周国日渐强盛，二者的矛盾也越来越大。周文王姬昌继位，因为周的国力还不能与殷商直接对抗，姬昌选择表面上继续臣服于殷商，但实际上一方面在境内积极发展生产，增强经济实力；另一方面，武力扩张，征伐一些小国，又积极调和各国的关系，在诸侯中有了很高的声望。姬昌去世后，他的儿子周武王姬发继承王位。约公元前1046年，商朝发生激烈内乱，姬发觉得攻打商的时机到来了，便向所有诸侯宣告"伐纣"。

武王伐纣

公元前11世纪，周武王率领战车和军队与其他诸侯会合，随后浩浩荡荡地向商朝的首都进军。快兵临城下时，纣王才手忙脚乱地用奴隶和战俘拼凑出一支军队，开赴牧野迎战。这些奴隶和战俘全无斗志，不愿意为暴虐无道的商纣王战斗，纷纷倒戈，帮助周军攻打商军。就这样，即使商朝最厉害的禁卫军奋力抵抗，也无力回天。最终纣王意识到自己大势已去，便自焚而亡。

商朝的统治也就此终结。从约公元前16世纪建立，到公元前11世纪灭亡，历时约600年。从汤算起，一共有十七代三十一任君王。

当然，在这1000多年的历史中，除了残酷的战争和政治斗争，我们的先祖也在努力积累更多的农业知识，发展手工业生产。就像当时制造的青铜器，直到今天也是宝贵的文化遗产。

▲利簋，又名"武王征商簋"，器内底铸铭文记载了武王伐纣这一重大历史事件。利簋是迄今能确知的最早的西周青铜器

西周："礼乐征伐自天子"

夏、商之后，中国古代的第三个朝代是周，它同时又是中国历史上时间最长的王朝。从约公元前1046年到公元前256年，它的历史长达790年。不过周朝的历史一般分为两段，因为周的国都本来在关中一带，后来因为政局的变化，迁往了河南洛阳一带。以东迁为分界线，历史学家把迁都以前的叫作西周，而之后的则为东周。

西周时期，周天子是天下的共主，是权力的中心；天下礼仪典礼的规则，讨伐何处的指令都只能由周天子做出决定。所以人们常常说，在西周"礼乐征伐自天子"。

西周的兴起

约公元前1046年，周武王率领军队击败商纣王，但是商的残余势力仍旧强大。为了稳定政局，周武王继续派兵征伐东部诸侯，许多小国纷纷归附周朝。

分邦建国

摆在周武王面前的第一个问题是如何巩固自己的统治。经过深思熟虑，周武王推行了一个非常重要的管理制度：分封制。他把同姓宗亲和功臣谋士分封各地，建立诸侯国。诸侯国拥有相当的自治权，但是需要承认周天子的最高统治，并缴纳一定的贡品和承担其他义务。

一方面，这些诸侯国不仅控制一方土地，也能对周王室起到拱卫的作用；另一方面，周武王还把土地分给了异姓王族，使他们能够服从自己的统治。其中最重要的，就是他任命了纣王的儿子武庚继续统治商人余部，并将自己的三个弟弟分封于商王都殷附近，监视武庚。如此之后，局势初步稳定下来，周武王回到首都镐（hào）京，举行典礼，周朝才算正式建立。

周公旦辅政

约公元前1043年，周武王去世，他的儿子周成王姬诵继承了王位。此时周朝刚刚建立，王权还没有稳固，周成王年纪太小不能主持朝政，所以就由他的叔父，也就是武王的弟弟周公旦摄政并辅佐周成王。周公旦不仅消除了内乱，还用了三年的时间征服了东边的夷族，对殷商残部的控制力大大加强。有历史学家认为是周公旦东征的胜利，才使得周朝基本上完成了统一大业，奠定了创建周朝的基础。

东征胜利后，周公旦又采取了一些巩固政权的重要措施。第一个是修建新的东都。周朝的首都本来是关中的镐京，叫作宗周。但是这个地方不利于控制东部地区。所以周公旦就在洛邑，也就是现今的洛阳地区主持修建了新的国都，取名成周。他把商朝的遗民也迁到这里，方便监视，并最终消灭了这股反抗势力。后来，洛阳就变成了西周新的政治文化中心。

第二个是大力推行分封。实际上，大规模的分封就是在这一时期

姓姬名旦文王子武王弟有聖德多才多藝子
伯禽周公輔諭成王王有過則撻伯禽伯禽對於
魯公戒之曰我文王之子武王之弟今王之叔父然
我一沐三握髮一飯三吐哺起以待士猶恐失天下
賢人爾之魯國慎勿以國驕人武王崩成王立周
公居冢宰以王幼乃攝政代國南面負扆以朝諸
侯成王既長乃歸政禮樂制度官所立以歸周
家八百六十七年之王業者皆公之力也

▲周公旦像　清·无名氏《历代帝王圣贤名臣大儒遗像》

进行的。周公旦一共分封了七十一个国家，其中大部分是同姓子弟。通过这样的方式，周王室对已经征服的地区有了更稳固的控制。

第三个就是制订礼乐体系。洛邑建成之后，周公召集天下诸侯举行了盛大的庆典，并正式册封天下诸侯，宣布各种典章制度。周公旦在总结了前代的礼仪制度并加以修改后，推行了一套严格的等级制度，用以维护当时的社会秩序。

周公旦一共辅佐周成王七年，等到周成王长大，他便把管理朝政的权力交还给了周成王。周公旦虽然不是周朝的正式君王，但他所作出的贡献远远超过很多君王。

西周的盛世与危机

周公旦稳定住新朝的局面后，西周迎来了盛世。

成康之治

周成王和周康王是两位贤良的君主。在周文王、周武王和周公旦所奠定的基础上，这两位君主对内施行仁政，赏罚分明；救济贫困的民众，把良田赐予他们耕种，因此农业生产发展迅速，人民生活得到很好的改善。对外，周王室的力量强大，对诸侯的控制也十分紧密，同时不断攻伐淮夷，用武力控制边远的少数民族地区并取得了很大的胜利。总的来说，这段时期，西周国泰民安，是其最繁盛的时期，所以被后来的历史学者誉为"成康之治"。

不过，"成康之治"到周康王后期，已经出现了衰败的迹象，周康王开始沉湎女色，并且征伐不断，这也为后世的暴乱埋下了伏笔。

国人暴动

周康王的儿子周昭王即位后，对南方地区的控制日渐无力。周昭王的儿子周穆王在位时，西北有一个叫作犬戎的部族日渐强大，多次侵犯西周边境，百姓深受其害，但是周穆王却束手无策。相传，周昭王和周穆王从小养尊处优，不知民间疾苦，只喜欢四处游山玩水，不仅耽误了朝政，还消耗了大量的财富，使得周朝的国力日渐衰落，诸

▲禽簋，西周盛食器，记载了周成王征伐奄侯的历史

侯不再愿意供奉周天子。

到了西周第十代天子周厉王在位时，因他暴虐成性、挥霍无度，再加上连年的战乱，人们的生活日益困难，因此不满也越来越严重。为了不让民众发表不满的言论，周厉王还专门派人监视老百姓，如果有人讨论了国家政事，或是批评了他，就格杀勿论。结果每个人都觉得很害怕，走在路上不敢多说话，只是看看对方。周厉王很高兴，他的一个臣子召（shào）穆公听了，劝说周厉王："您这只是强行堵住了老百姓的嘴而已啊！这怎么行呢？堵住人的嘴，不让人说话，比堵住河流还危险啊！河流堵塞了，水涨起来，堤坝终究是要垮掉的，这样伤害的人更多啊！百姓的言论也是这样的。所以，治水必须疏通河道，让水流到大海，治理国家也是一样，必须让百姓自由地说话。"但是周厉王根本不听别人的建议。

终于，老百姓不愿意再忍受这样的生活。公元前841年，镐京的平民和小贵族自发地联合起来，手持棍棒、农具，围攻王宫，要杀死周厉王。这就是历史上著名的"国人暴动"。后来周厉王只能逃出镐京，最终病死在外地。

西周的衰亡：周召共和与幽王灭国

"国人暴动"后，周厉王无法再回到镐京。而周太子静则逃到了召穆公家，召穆公把他藏了起来，为了保护太子的安全，用自己的儿子冒充太子，交给了国人杀死，才平息了国人的愤怒。国家不能没有首领，大臣周定公和召穆公便组织了其他贵族一起管理朝政，直到周厉王病死，周宣王即位为止。这十四年时间，被历史学家称为"周召共和"。

周宣王继位后，深刻地吸取了他父亲的教训，积极改革，发展经济，还击败了戎狄，为西周挽回一点颓势。但好景不长，周宣王在位的晚期，国力又开始衰退。他死后，他的儿子周幽王继承了天子的位置。

周幽王继位时，王室居住的关中一带发生了大地震，再加上已经干旱了好几年，老百姓吃不起饭，只能四处逃难，社会动荡不安。而周幽王又是一个荒淫无道的昏君，他任用奸臣，朝政腐败，老百姓更加不满他的统治。

不过西周灭亡的导火索却是因为他贪图美色。周幽王原本娶了申侯的女儿做皇后，生了太子宜臼。后来周幽王攻打褒国，褒国兵败，便献出了美女褒姒（bāo sì）向周幽王乞请投降。相传，褒姒美若天仙，周幽王得到褒姒后特别宠爱她。在褒姒为他生下儿子伯服后，周幽王对她更宠爱有加。周幽王决定废掉王后和太子，要立褒姒为后，立她的儿子伯服做太子。这让申侯十分生气，于是他联合了周边的犬戎，进攻王都，把周幽王和伯服杀死在骊山下。

这一年，是公元前 771 年，西周就此灭亡。申侯与诸侯们拥护宜臼为王，称为周平王。周平王把都城从镐京迁到东都成周，从此周王室便定居在这里，东周的历史就此展开。

春秋五霸

　　春秋初期，列国纷争，郑国本是其中最强大的国家，但因为内乱而逐渐衰落。这时候，齐国的君主齐桓公在一帮仁人志士的辅佐下，逐渐强大起来，最终将诸侯领导者的地位取而代之，成为春秋五霸之首。

春秋五霸之首齐桓公

　　齐国位于今天的山东一带，是西周时期姜子牙的封地。依靠得天独厚的地理位置，经过十多任国君的大力发展，齐国成为春秋时期的强国。但仅凭这些不能使齐国称霸，齐桓公能成为春秋五霸之首，少不了一代名相管仲的辅佐，而管仲与齐桓公的故事也十分传奇。

惊险继位

　　齐襄公在位时，因为他的昏庸凶残，导致齐国一片混乱，不久齐襄公就被公孙无知等人杀死了。之后，自立为君的公孙无知亦被人杀害，可能继位的是齐襄公的两位同父异母的弟弟——公子纠和公子小白。管仲、召忽保护公子纠逃到了鲁国，鲍叔牙保护公子小白逃到了

▲汉画像石《管仲射小白》

莒国。政变后，公子小白和公子纠都急忙赶回齐国准备继承国君之位。谁第一个抵达，谁就最有可能继承。公子小白提前得到消息，立马赶回齐国。鲁国听说以后也派兵送公子纠回国，并派管仲带人堵截公子小白。管仲等人袭击了小白的车队，并一箭射中了公子小白的带钩。公子小白为了迷惑管仲，便倒地装死。在公子纠等放松警惕慢慢赶路时，公子小白快马加鞭地赶回齐国，继承了国君之位，是为齐桓公。

管仲拜相

齐桓公继任之后，杀死了公子纠，并俘虏了管仲。齐桓公为了报一箭之仇，也想杀死管仲，但鲍叔牙却举荐管仲为齐国的国相。鲍叔牙对齐桓公说："若君主只想治理好齐国，用我鲍叔牙就够了，但是如果您想做天下的霸主，那么非立管仲为相不可。管仲在哪个国家，哪个国家就会强盛。"齐桓公最终听从了鲍叔牙的意见，决定不计前嫌，任用管仲为齐国的国相。

管仲出任齐国的国相之后，大力进行改革。他首先改革了齐国的用人制度，规定任命一切官员时，都必须根据实际的政绩，即要有取信于民的真实政绩。其次，管仲还将"士农工商"列为国家的基石，使得各个阶层的老百姓都能有稳定的生活。在外交上，管仲提出了"尊王攘夷"的主张。

▲ 管仲像

管仲在齐国推行的这一系列改革，奠定了齐国称霸的基础。

管鲍之交

春秋时，齐国人管仲和鲍叔牙相知极深，后常比喻交情深厚的朋友。出自《列子·力命》。

庭燎求贤

为了进一步发展齐国，齐桓公一直求贤若渴。他在大庭中燃起火炬，等待贤士。这是春秋时期招待宾客的最高礼仪。但一年过去，一个人也没有来。有一天，一个住在城东郊外的下等人说自己擅长九九算法，求见齐桓公。齐桓公说，九九算法这样的小把戏，有什么资格求见。

来人回答道："大山不拒绝细小的石头才成为大山，江海不拒绝细小的溪流才成为大江大海。九九算法虽然不是高深的学问，但如果您能以礼相待，还怕比我高明的人不来吗？"齐桓公深以为然，以最高礼节款待了他。果然，一个月后，能人志士从四面八方接踵而来，齐桓

▲鎛镈，春秋时代的一种乐器，其上铭文记载了鲍叔牙有功于齐国并受齐桓公的赏赐

公都以极高的礼节接待了他们。

除此之外，齐桓公还在齐国设立许多驿站，备好食物，接待各方官吏和来客。就这样，齐国人才济济，成了齐桓公实现霸业的一大基础。

尊王攘夷

在当时，中原内部尚动荡不安。最主要的原因有两个，一个是周边戎狄部落侵扰，另一个则是周王室的地位愈加衰微。如果想要成为霸主，就一定要解决这两个问题。于是，齐桓公听从了管仲的建议，打出"尊王攘夷"的旗号，借着尊崇周天子的名义，团结其他诸侯国，攻打戎狄和南边的楚国，在一连串的战争中树立了自己的权威。

公元前 651 年，齐桓公感到称霸的时机已经成熟，便在葵丘举行会盟，订立盟约。各方诸侯都来参会，连周天子都派使者前来参加，正式承认了齐桓公的霸主地位，自此齐桓公成为春秋时期第一个霸主。

公元前 645 年，管仲去世。齐桓公失去了名相的辅佐，霸主地位渐渐不能维持。公元前 643 年，齐桓公去世，齐国再次发生内乱，国力开始衰落。

"仁义"之君宋襄公

与齐国这样的大国不同，宋国一直是个小国，但宋襄公想改变这一状态。

与齐交好

宋襄公的第一步是在诸侯间树立一个贤君的名声。在父亲宋桓公病重之时，宋襄公主动提出将太子之位让给庶出的兄弟。

让位当然没有实现，但是宋襄公却因此赢得了谦逊仁厚的美名。

接下来，宋襄公积极与大国结盟，在当时，齐国自然是不二之选。齐桓公在葵丘会盟之时，宋襄公的父亲刚刚去世，宋襄公穿着孝服就火急火燎地赶去朝拜。这一行为打动了齐桓公，获得了齐桓公的信任，使得齐桓公最终把齐国的继承人公子昭也托付给他照顾。宋襄公也借此一跃成为诸侯中的新星。

在这些基础上，宋襄公开始对外收服一些小的诸侯国，慢慢壮大了自己的实力。不过，真正的转折点是与齐国的大战。

称霸失败

齐桓公死后，齐国内乱，宋襄公凭借当年托孤的约定，联合几个小国出兵齐国。当时的齐国军队人心涣散，一触即溃，宋襄公接连获胜，最终拥立公子昭为国君。宋襄公打败了曾经的强国军队，心里有些飘飘然，自认为国力强盛，足以取代齐国成为新的盟主。然而愿意追随宋国的诸侯寥寥无几，宋襄公决心利用楚国的影响力，便组织了一场鹿上之盟，邀请齐国和楚国两个大国结盟，想借此号令其他诸侯。

可没想到，宋襄公的如意算盘打错了。楚国人表面答应了请求，却在暗地里布下天罗地网。宋襄公想彰显自己有信有义的名声，不带一兵一卒就前去赴会。结果楚国趁机把他抓住，起兵伐宋。

鲁国出面调解，楚国才放宋襄公安然回国。但宋襄公仍旧执迷不悟，回国后准备联合其他国家攻打郑国。郑国得到消息后，前往楚国搬救兵。楚国不容他猖狂，就起兵攻打宋国。面对楚国的进攻，宋襄公的大臣劝诫他不要蛮干，但宋襄公一意孤行，起兵与楚军在泓水开战。

"仁义"之师

这场本可能有胜算的战争，却因为宋襄公的"仁义"而惨败。宋军兵少，早早完成了排兵布阵，而楚军这时候还未完全渡河。宋襄公的大臣劝他："他们兵多，我们兵少，硬碰硬肯定打不过，不如趁他们渡河的时候偷袭他们。"但宋襄公认为这违背了他的"仁义"信念，拒绝了这个建议。等到楚军全数过河，正在排阵，宋国大臣又建议此时进攻，宋襄公始终不肯。等到两军正式开战，宋军果然大败，宋襄公也受了重伤。后来人们抱怨宋襄公，但宋襄公却说，即使失败，君子也需要遵守仁义。

不过，国家之间的战斗是残酷的，宋国经此一战更加衰弱，宋襄公不久后也伤重去世。宋国的霸业就此草草地结束了。

流亡公子晋文公

当齐桓公在洛邑以东大会诸侯，成为一代霸主时，洛邑以西的两个国家也渐渐兴盛，其中一个是晋国。后世常常把晋文公和齐桓公并称为"齐桓晋文"。

被迫流亡

晋文公的故事要从他的父亲晋献公说起。晋献公奠定了晋国强盛的基础，他雄才大略，到处开疆拓土，让晋国在诸侯间的地位越来越高。不过他的家庭关系却是一团乱麻，终酿成了晋国的内乱。

晋献公先娶了贾国的女儿做夫人，没有儿子。于是他又娶了齐桓公的女儿齐姜为妻，其所生的儿子申生被立为晋国太子。后晋献公又娶了戎国的两个女子，分别生了两个儿子——重耳和夷吾。最后，他又纳骊戎的骊姬和她的妹妹为妾，她们很受晋献公的宠爱，分别为他生了一个儿子。

骊姬想立自己的儿子为太子，便蛊惑晋献公派其他三个儿子去守卫边疆，只留自己和妹妹的儿子在都城。紧接着，她用计陷害太子申生，说他企图杀死晋献公，最终把申生活活逼死。不仅如此，骊姬还污蔑重耳和夷吾也参与了谋杀，逼得二人只能逃亡其他国家。就这样，晋文公重耳被迫在外流亡19年。

晋献公去世后，骊姬的儿子成为国君。但是拥立申生、重耳和夷吾的大臣们起兵反抗，杀掉了当时的国君，晋国进入了群龙无首的混乱状态。

终回故国

公子重耳自从流亡到国外后，十几年的生活都十分安逸。他谦虚

▲南宋·李唐《晋文公复国图》

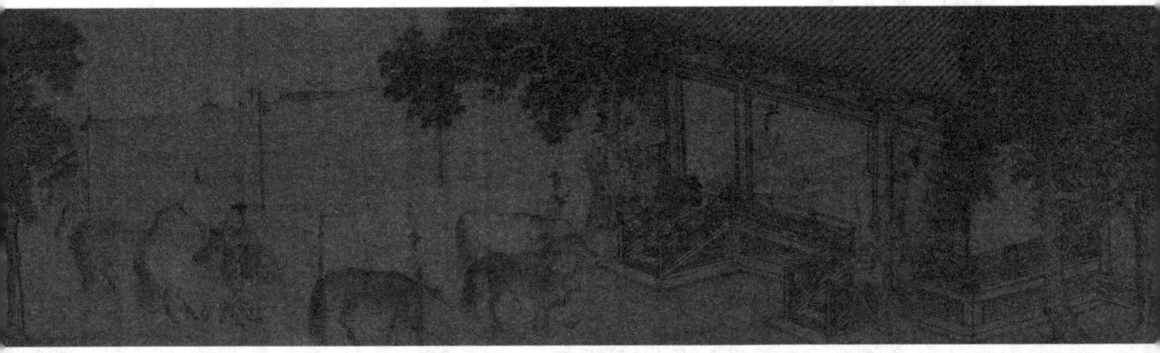

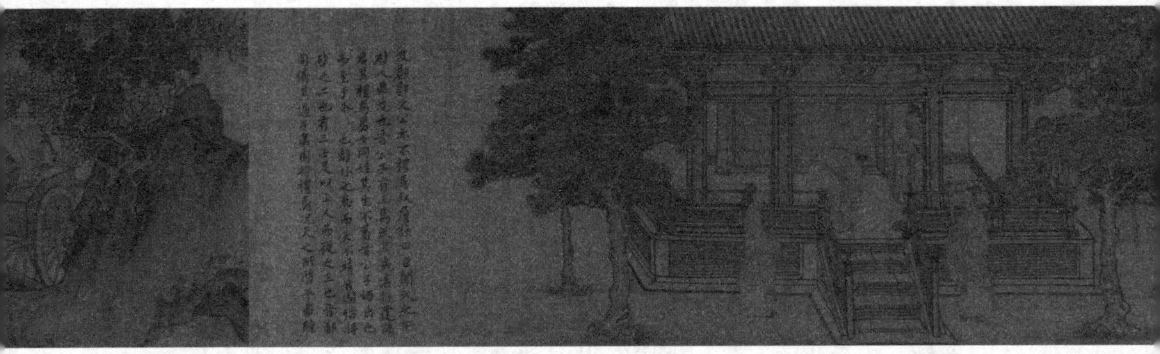

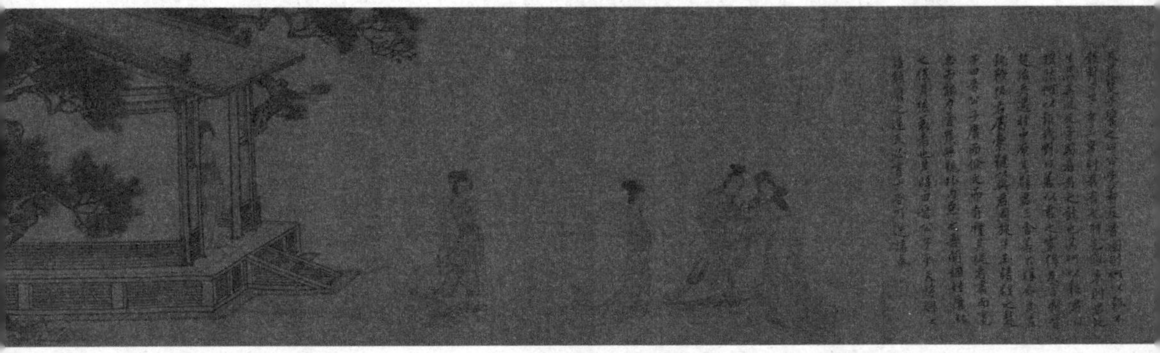

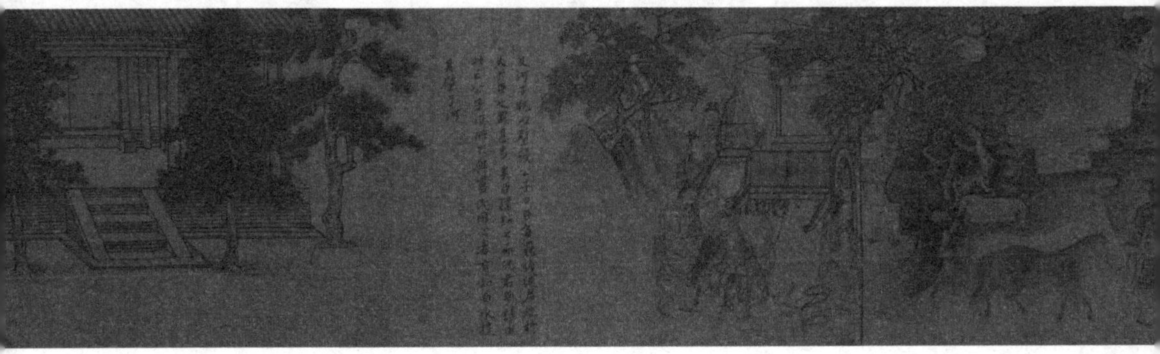

好学，善于结交有才能的人，深受各国君主厚待，还娶了齐桓公的宗室之女，所以他并不想回国。他的随行臣子和妻子都劝说他应当以事业为重，不能贪图享乐，重耳仍旧一意孤行。无奈之下，他的妻子只能和他的随从同谋，用酒将重耳灌醉，想悄悄将重耳送回晋国。重耳在半路上醒来，火冒三丈，但也无可奈何。

重耳他们流亡列国，来到了楚国。楚王很欣赏重耳，在酒席上一再询问他，如果帮助他回到晋国为君王，能有什么回报。重耳答道："如果将来晋楚两军交战，晋军一定会先退避三舍，来求得休战。"楚王欣然，用重金护送重耳去了秦国。

秦穆公同样十分欣赏重耳，想扶持重耳为新的国君，便趁晋国人心涣散，出兵将重耳送回晋国夺得国君之位，重耳即位，为晋文公。秦国还进一步帮助他除去敌对势力，并送去三千兵马帮助其镇压内乱。

晋文公继位以后，勤于军政，选贤任能，开源节流。晋国在他的治理下越发兴盛。他一面出兵勤王，一面联合秦国攻打楚国周边的国家，在诸侯中的威望越来越高。终于，过了几年，晋文公和盛极一时的楚王在战场上相见了。

退避三舍

意思是主动退让九十里。比喻为避免冲突主动退让和回避。古代一舍为三十里。出自《左传·僖公二十三年》。

城濮大战

公元前 633 年左右，楚国发兵进攻宋国，宋国向晋国求救。楚王知道晋文公的聪明才智，听说他在暗中帮忙后，就让自己的手下立即离开宋国，不要与晋国作对。但楚军将领子玉却很不以为然，要求出兵攻打晋文公。

晋文公一面离间楚国和其盟国之间的关系，一面故意激怒楚军。子玉十分恼怒，起兵进攻晋军。晋文公遵守了从前对楚王的承诺，退兵九十里，避让楚军。楚军中的其他将领都反对继续追击，但子玉恼羞成怒，继续前进，最终与晋军对峙于城濮。晋文公早已用计得到了齐、秦、宋的援兵，再加上高超的军事谋略，大败楚军，子玉含恨自杀。

晋文公凭借城濮之战大大提升了自己的威望。大战后不久，他召集诸侯，在践土举行会盟，正式确立了他的霸主地位，拉开了称霸中原的序幕。

称霸西戎的秦穆公

和晋国一样，秦国也是洛邑以西的一个大国，两国的关系错综复杂。经过多年的经营，到秦穆公时，秦国已经小有家业。秦穆公年轻有为，即位不久就大败周边的戎族。

秦晋之好

想要称霸诸侯，不能仅仅依靠武力，还要善于利用外交关系。秦穆公深谙其道，便向当时的强国晋国请求联姻，晋献公把自己的女儿伯姬许配给了他。后来晋国内乱，伯姬的弟弟夷吾在秦国的帮助下，成了晋国新的国君，但不久又因恩将仇报被秦国捉了回去。幸好伯姬求情，还让自己的儿子作为人质，夷吾才被放过一马。

为了控制晋国，秦穆公把自己的女儿嫁给了当时晋国的太子。没想到太子也背信弃义，抛下妻子回到晋国做了国君，与秦国不相往来。秦穆公大怒，决定扶持公子重耳（也就是后来的霸主晋文公），拿回王位，他还把自己的女儿改嫁给晋文公。至此，秦穆公与晋国的关系更加稳固。

九方皋相马

秦穆公明白，如果想要称霸天下，还需要贤士相助。有一天，他召见了善于相马的伯乐，想让他推荐能够识别好马的人。伯乐给他推荐了一个担柴挑菜的人九方皋（gāo）。于是，秦穆公派他去寻找好马。

三个月后，九方皋回来报告秦穆公："我已经找到一匹好马。"秦穆公问是什么样的马，九方皋回答说是黄色的母马。秦穆公派人将马牵来一看，却发现是一匹纯黑的公马。秦穆公很不高兴，向伯乐抱怨："你找的人连马的毛色和公母都不知道，怎么能识别好马呢？"伯乐一听，长叹一声，说道："难道九方皋相马已经达到了这样的境界？他已经胜过我千百倍了。"

秦穆公不解，伯乐继续解释说："九方皋所观察的是马的内在天赋，而不是它表面的形象。他只关注他需要关注的，而遗漏不需要观察的。这才是真正高明的相马。"果然，经过驯养，这匹马成为天下难得的好马。

秦穆公由此受到启发：招揽人才也是如此，不要拘泥于地域和年龄等外在的形式，要看到人才的真正能力。于是，他派人到各处不拘一格地招揽人才。

羊皮换贤

秦穆公还历经千辛万苦寻得了两位有才干的贤士，成为他称霸西戎的得力助手——百里奚、蹇（jiǎn）叔。

百里奚是虞国的大夫，后来成为晋国的战俘，晋献公把他作为女儿的陪嫁送往秦国。但没想到百里奚中途逃跑，被楚人捉住并成为奴隶。秦穆公对百里奚的才能早有耳闻，本想用重金将他赎回，但又担心楚人因此知道百里奚的才能而不愿交换，就故意说他是一名不值钱的奴隶，打算用五张公羊皮换他。楚人看百里奚年迈无力，不经思索便同意了。

百里奚来到秦国，秦穆公立刻让他参与讨论国家大事。百里奚推辞说，自己只是一个亡国之臣，哪有什么资格讨论治国的道理。秦穆公说："虞国国君不用您，所以亡国了，这不是您的过错。"秦穆公坚持请教，与百里奚畅谈三天三夜后，非常高兴，把国家政事交给了他，尊称他为五羖（gǔ）大夫。

▲徐悲鸿《九方皋相马图》

▲百里奚像

　　秦穆公想将百里奚封为国相，但百里奚婉拒，转而力荐蹇叔，称赞他的才能和眼光。秦穆公一听，立即请蹇叔到秦国为官。百里奚和蹇叔一起，共同帮助秦穆公执掌朝政，很快让秦国强盛起来。

　　由于秦国的东边被晋国所限制，秦穆公转而将自己的称霸理想锁定在了西边的土地。秦穆公率领将士一路向西，大败一直在秦国边界骚扰秦国百姓的西戎部落。在经过多次大战后，秦国兼并了西边数十个部族，开辟了千里国土，称霸西戎，周天子也差使者带上礼品前去祝贺。秦穆公正式成为春秋五霸之一。

韬光养晦的楚庄王

与其他诸侯国在黄河边不同，楚国是在长江边发展起来的。在很长时间内，楚国被其他国家排除在华夏文明之外。直到进入春秋时期，楚王才得到周王室的承认，但楚国的疆域是春秋诸国中最广的，其实力不容小觑。

祸起前朝

楚庄王即位的时候只有二十岁左右，正值中原霸主晋国衰落，楚国国力日渐强盛。这本是称霸中原的好时机，无奈楚国国内并不太平。祸根要从楚武王的时候说起。

楚武王是春秋时期楚国十分有作为的君主。在那时，楚国最有势力的家族叫作若敖（áo）氏。这个家族曾经是楚国的王族后裔，在楚武王开疆拓土的过程中，他们功不可没，因此他们逐渐掌握了国家大权。

楚武王去世后，楚文王继位。这时候，楚国刚刚经历内乱，国力衰微，若敖氏家族又挺身而出，帮助国家走出困境。这也使得若敖氏家族权倾朝野，甚至楚王都只能对他们唯命是从。

公元前672年，楚成王继位。他积极与各诸侯修好关系，开拓疆域。同时，齐国势力开始衰落，大部分中原国家开始臣服于楚国，唯一可与楚国抗衡的大国就是晋国。在与晋国的战争中，楚军大败。但这对楚成王来说，也并非一件坏事，因为指挥作战并牺牲的正是若敖氏家族的大将，这帮助他大大削弱了若敖氏家族的势力。

公元前 626 年，楚穆王继位。但因为弑父为君，楚穆王一直不得人心，并且与若敖氏的家族关系十分紧张。公元前 614 年，楚穆王去世，楚庄王继承王位后不久，若敖氏发动政变，挟持了楚庄王。

忍辱负重

尽管这场政变最终以失败告终，但年轻的楚庄王吓得不轻，他感到自己无力左右国家的政局，认为如果现在与若敖氏硬碰硬，无异于自取灭亡。于是，他决定韬光养晦，表面上假装日夜作乐，无心管理朝政，但实际上暗中观察和区分朝堂上的敌人和朋友，逐步控制楚国的军队，了解其他国家的情况，为之后夺回权力做准备。

三年间，楚庄王"纵情歌舞"。一些支持他的大臣并不知道他的打算，看着很是担心。有一天，大臣借着一个谜语想提醒他："楚国的都城有一只大鸟，栖息在朝堂之上，过了三年，不鸣叫也不起飞，您猜猜这到底是什么鸟呢？"楚庄王一听，心中明白大臣的意思，笑着回答说："它可不是一只普通的鸟。它三年不飞，一飞冲天；三年不鸣，一鸣惊人。您且耐心地等着吧！"大臣听了，也明白了楚庄王的意思，放心地退下了。

一鸣惊人

不久，楚庄王终于等来了机会。那年，楚国出现了饥荒，周边的小国起兵进攻楚国，国家危在旦夕。若敖氏主张迁都，而他们的政敌主张出师迎战。楚庄王选择了后者，他运筹帷幄，联合其他国家赢得了战争，也使更多诸侯国再次臣服于楚。这场战争，不仅让楚庄王在国内声名鹊起，也让若敖氏走上了权力的下坡路。

公元前 606 年左右，楚庄王继续不断攻伐北方，势力愈盛，甚至还去问周天子的鼎有多重，想要与周天子比一比权力的大小。当时楚庄王率兵攻打到周王朝都城洛邑附近，周定王吓坏了，派大臣王孙满前去慰问楚军。楚庄王和王孙满交谈时，问王孙满："九鼎的大小、轻重是多少？"九鼎是周王室权威的象征，如此询问，足以表示楚庄王有夺取周天子权力的野心。但王孙满回答道："统治天下在于道德，不在于鼎的大小轻重。虽然周朝现在的德行衰减了，可天命还没有改变。所以，这九鼎的大小轻重还是不能随便问的。"楚庄王自己也知道当时还没有灭掉周朝的条件，就带兵回到楚国。之后不久，若敖氏的一个高官不满意楚庄王支持自己的政敌，发动了新的政变，想要杀死楚庄王。楚庄王平定了政变，楚国第一大家族若敖氏也因此覆灭。

从此，楚王在国内掌握了绝对的权力，开始心无旁骛地北上争霸。最终，数年后楚国与晋国爆发了第二次战争——邲（bì）之战，并在决战中大获全胜，迫使郑国、鲁国等国家归附。至此，楚庄王成为新的中原霸主。

问鼎中原

比喻企图夺取天下。来源于楚庄王询问周朝九鼎大小，企图夺取天下的故事。出自《左传》。

▲云纹铜禁。云纹铜禁是春秋中期青铜器，出土于春秋楚墓，是中国迄今发现的最早的失蜡法铸件

春秋晚期：吴越争霸

楚庄王去世后，楚国的霸业渐渐衰落。曾经的中原霸主晋国经过几代的经营，渐渐超越楚国，成为楚国在中原的一大劲敌。两个国家经过长年的拉锯战，最终举行了两次和谈，大大减少了战争。

随着中原的争霸之战逐渐尘埃落定，南方的吴国和越国发展壮大起来，成为新兴的强国。吴、楚、越三国开始相互斗争。楚国因国内动荡，国势衰微，常常受到吴国的侵扰。南方的争霸，主要是在吴国和越国之间进行的。

吴越结怨日深

吴越之间的矛盾是在吴王余祭时结下的。当时，吴国攻打越国，抓了一个越人做俘虏，并且砍了他的脚，派他去看守船只。公元前544年，吴王余祭前去当地时，被这个越国的俘虏刺死了。之后，吴国攻打楚国时，越国也经常趁机捣乱。就这样，两个国家积怨越来越深。

公元前496年，越王勾践即位。吴王阖闾（hé lú）亲自率兵趁机攻打越国，勾践起兵抵抗。越军想出一条妙计：从牢房里抓出一些死刑犯，让他们各自把剑勒在颈上，朝着吴军自刎。吴军一看，觉得很奇怪，注意力都被吸引了过去。这时，越军趁势而攻，吴军被打得措手不及，吴王阖闾也因此身受重伤，不久之后就去世了。

从此，吴越的仇恨越发加深。吴王阖闾的儿子夫差即位，他派人每天在庭中提醒自己："夫差，你忘了越王的杀父之仇吗？"夫差愤恨地回答："绝不敢忘！"就这样，夫差励精图治，招兵买马，时刻准备着报仇。

吴王放虎归山

三年过去了，吴王夫差准备得越发充分。越王勾践也听闻了吴王一直想要为父报仇，不顾大臣阻拦，决定先发制人，攻打吴国。吴王夫差得知后，率领全军战士严阵以待。双方于夫椒山展开激战。越军大败，吴国乘胜追击，攻入了越国的都城会稽。越王勾践率领残兵五千人退守会稽山，吴军率兵将他们团团围住。

危难之中，勾践听从大臣建议，准备厚礼，卑贱地向吴王求和。第一次，夫差拒绝了。于是勾践贿赂吴国的宰相，请他再次说服夫差同意求和。大臣伍子胥极力阻止，认为这是放虎归山，日后必将后悔。但吴王夫差已经被胜利冲昏头脑，欣然应允，但提出一个条件，那就是越王勾践和越国大臣范蠡（lǐ）作为人质待在吴国。

▲越王勾践剑　　▲吴王光剑

越王卧薪尝胆

这场战争后，越王勾践则根据承诺，带着妻子和大臣到吴国伺候吴王，放羊牧牛，除此之外，夫差还把他们当作下人对待，让他们做很多脏活累活。勾践忍辱负重三年，最终赢得了夫差的欢心，同意他回到越国。

回到越国后，勾践立志报仇雪恨。为了不被安逸的生活消磨意志，他每天晚上都枕着兵器，睡在稻草堆上，还在房中挂了一颗苦胆，每天早上起来尝一口。他还每日跑到农田与农夫们一起耕地干活。这些举动感动了越国上下，大家齐心协力，经过十年的艰苦奋斗，终于让越国兵强马壮。同时，为了麻痹吴国国君，范蠡精心挑选了一位越国美人献给了夫差，这位美人就是西施。吴王夫差十分喜欢西施，天天与她饮酒作乐，开始变得无心朝政。

这十年间，吴王夫差还把心思放在了北上与晋国争夺盟主上。在吴国的一次北伐中，越王勾践趁机率领越军偷袭吴国，攻入吴都，杀死吴国的太子。吴王得知，生怕消息走漏，勉强争得盟主的头衔后才回国与越讲和。公元前473年，勾践又率兵攻打吴国，大获全胜。夫差又派人求和，被勾践直接拒绝。吴王夫差这时候才为自己当年放虎归山懊悔不已，拔剑自尽。

越王勾践灭吴后，也开始经营北方，在徐州与各诸侯会盟，最终被诸侯国尊为"霸主"。到勾践称霸之时，春秋时代也几乎告终了。

▲五代·周文矩《西子浣纱图》

战国的开端：各国易主

经过春秋时期旷日持久的争霸战争，周朝境内的诸侯国数量大大减少。到公元前453年，晋国的赵、魏、韩三大家族推翻晋国的国君，自立为国，史称"三家分晋"；而齐国的田氏家族则成为新的齐国领袖，又称"田氏代齐"。如此种种，昭示着战国时期的开始。

三家分晋

周代各诸侯通常将自己的子孙分封为大夫，并各自给予封地，但晋国有所不同。因为晋献公在"骊姬之乱"时诛杀各个公子，同时也下令晋国不再分封公子、公孙为大夫，让原本可以保卫王室的宗族势力大损。而晋文公流亡归国即位后，因为警惕王子王孙，决心依靠异姓世家，所以组三军设六卿。从此，六卿便开始把握着晋国的军政大权。

六卿掌权

春秋晚期，随着晋国逐渐称霸，卿族的势力不断增大，对晋国国君的威胁也越来越大。到晋成公的时候，规定大臣卿族也可以被封为"公族"并赐予田地。当时六卿中最有势力的赵盾，曾诛杀即位的新君，拥立他选择的继承人。这让晋国公室的力量更加衰微，再也无力制约异姓卿族世家。

到春秋末年晋平公的时候，韩、赵、魏、智、范、中行氏六卿权倾朝野，相互倾轧，被称为"晋国六卿"。后来，赵氏把范氏和中行氏消灭了，晋国只剩下了智、赵、韩、魏四家，这其中以智氏的实力最为强大，智氏一心想着吞掉其他三家。

越王勾践北上称霸，当时智氏的掌权者智伯认为这是一个好机会。他对其他三家大夫说："晋国本是中原霸主，现在却被夺取了霸权，不如我们每家拿出一百里土地和一万个户口献给晋出公。"三家大夫心里都很不愿意，但是又惧于智伯的势力。最后韩、魏都答应了，只有赵氏的赵襄子拒绝了这个提议。

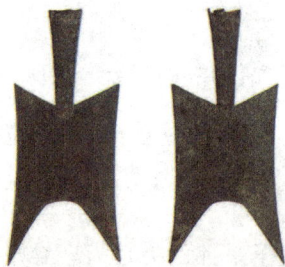

▲晋国主要流通货币：空首布

▲韩国主要流通货币：方足布

▲赵国主要流通货币：尖足布

▲魏国主要流通货币：桥足布

赵、魏、韩灭智伯

晋出公在智伯的提议下，命智伯率韩、魏两家兵马攻打赵氏的晋阳城。赵氏拼死抵抗，固守城门两年多后，眼看就要支撑不住了。赵襄子的门客张孟谈给他建议说："韩、魏虽然表面上追随智伯，但并非心甘情愿，我们可以尝试策反他们。"于是入夜后，张孟谈悄悄溜进敌军营地找到韩、魏两家的掌权人，成功地说服了他们。第二天夜里，等智伯睡着后，韩、赵、魏三家一起反过来偷袭了智伯。最后智伯被杀，他的军队也全军覆没。

韩、赵、魏为了斩草除根，继续攻打智家的领土，杀光了智家两百多人，平分了他家的土地。晋出公大怒，向齐国和鲁国借兵讨伐韩、赵、魏三家，却没想到大败于三家联军，最后晋出公也病死在了逃亡的路上。

随后晋哀公即位，但他已经完全不能约束三卿。公元前403年，三卿把晋国剩下的土地瓜分，并派使者朝见周天子。周朝天子威烈王正式将他们三家封为诸侯。从此，曾经称霸中原的晋国被分为了赵国、魏国和韩国，史称"三家分晋"。

田氏代齐

齐国的王室本是吕姓，而田氏取代吕氏则经过了八代人的经营，耗费了286年。

田氏入齐

齐国田氏最早的始祖叫作田完。他本叫陈完，是陈国的公族，因为逃难来到了齐国。到齐国后，陈完兢兢业业地为齐桓公工作，待人接物也十分讲究礼节，甚至还谢绝了齐桓公封他为卿的好意，这让齐桓公更加器重他。慢慢地，陈完在齐国扎稳脚跟，还把自己的名字改成田完，并娶了齐国王室的女儿。

积攒民心

经过一代一代的经营，田桓子继承了爵位。这时候，齐国先后发生几次内乱，最终在田桓子的帮助下，齐景公的王位得以稳固。此后田桓子就成为齐景公的得力助手，帮助齐景公清除了把持朝政多年的两大家族。同时，田桓子还减轻自己封地的赋税，使得许多老百姓都纷纷归附于自己。就这样，田氏宗族的实力与日俱增。

大臣晏婴曾提醒齐景公，要小心田氏篡权。但齐景公不以为然，认为田氏忠心耿耿，无可怀疑，并将齐国的内政全盘交给田氏打理。齐景公贪图享乐，不顾民生疾苦，而田氏这边一边颁布有利于百姓的政策，赢得民心，一边注重培养家族内部的人才，终成为齐国的望族。

终得大权

齐景公死后，田桓子的儿子田乞清除了另外两个敌对的氏族，拥立齐悼公，并自立为宰相。从此田氏完全掌握了齐国的国政。不久，田乞又杀死了齐悼公，立其子为齐简公。

▲明·仇英《孔子圣迹图》之《景公问政图》

田乞死后，他的儿子田常成了新的宰相。齐简公想要削弱田氏的权力，任田常为左相，再让一人作右相。几年过去，他们的矛盾越来越大，终于在公元前481年爆发。田常杀死了右相，齐简公也在出逃的过程中被田常抓住并杀死。至此，田氏已经成为齐国实际上的主人。

公元前391年，田完后人田和废掉了齐国国君齐康公，自立为王，并在公元前386年，最终得到了周天子周安王的册封，命为齐侯。"田氏代齐"自此完成。

窃钩者诛，窃国者侯

出自《庄子·胠箧》。"窃国"，指的就是田氏代齐事件。意思是偷钩的要处死，篡夺政权的人反倒成为诸侯。用以讽刺"圣人之道"的虚伪和不合理。

战国初期：魏国独霸

随着"三家分晋"和"田氏代齐"的完成，战国七雄的格局逐步形成。

战国初期，魏国是最强盛的国家，这与第一代国君魏文侯在七雄之中首先实行变法有密不可分的关系。

魏国的崛起

在当时，社会经济已经与春秋时期有很大的不同。为了与时俱进，使国家更加强盛，魏文侯四处招揽人才，帮助自己进行改革。其中，李悝（kuī）就是一个功不可没的改革家。

李悝年轻的时候在魏国和秦国交界处的小地方做官，积累了很多军事和政治经验，魏文侯认为李悝是一个不可多得的人才，任用李悝推行变法。在李悝的改革下，实施"尽地力"和"平籴"的政策，分配给农民耕地，同时国家在丰收年以平价购买余粮，饥荒时再平价出售给农民，这些政策让农民更有干劲，使得农业大大发展。他还废除维护贵族的世卿世禄制度，选贤任能，奖励对国家有功的人。另外，李悝还写了中国第一部比较系统的成文法典《法经》，使得魏国的社会更加秩序井然。除此之外，魏文侯任用吴起为将，采取了新的军事制度，这让魏国的军队战斗力也大大增强。魏文侯还启用了西门豹治水，为百姓开挖水渠、灌溉农田，使得魏国拥有了富庶的粮仓。

围魏救赵

经过不断的改革和发展，魏国的国力日益增强。等到魏文侯的孙子魏惠王即位时，魏国成为战国时期新一代的霸主。

公元前 354 年，赵国进攻受魏国保护的卫国，于是魏国联合宋国出兵反击，派大将庞涓带兵围攻赵国，魏、卫、宋三国联军直逼赵国都城邯郸，赵国向齐国求助。于是齐国派大将田忌和军师孙膑前去救援。孙膑向田忌建议："魏国进攻赵国，一定带出了它最好的士兵，而国内一定十分空虚，如果我们这时候去进攻魏国，魏军一定会回去营救，这样就能解除赵国的危难了。"田忌听后，采纳了这个计划，立即拔营向魏国进发，最后大败魏军，成功帮赵国解围，这就是历史上著名的"围魏救赵"。

▲ 孙膑像

这时候，秦国和楚国也落井下石，趁魏国进攻赵国的时候分别抢占了它的一部分土地。不过魏国逐步扭转了战局，最终攻破了邯郸。两年后，魏惠王还调用韩国的军队，打败了齐、宋、卫联军，最终迫使赵国结盟，并将邯郸归还赵国。

经过这三年的战役，魏国消耗了大量的人力物力，开始走向衰落。

魏国的衰落

之后，魏国又和秦国发生几次战役，但都不敌秦国。最终魏国只好选择和秦国修好，得以勉强挽回败局。魏惠王决定趁着当时还算强盛的声势，会盟诸侯，以表霸主地位，并图谋进攻秦国。秦国知悉后十分紧张，便派出卫鞅说服了魏惠王，让他转而进攻齐国和楚国，激怒齐国和楚国。

公元前342年，魏国出兵攻打韩国，韩昭侯派使者向齐国求救。齐国接到韩国的求援后，没有立即出兵，而是等到韩国接连五次战败，韩、魏打得筋疲力尽时，齐威王才派出田忌和孙膑伐魏救韩。在马陵之战中，魏军中了齐军的埋伏，主将庞涓被杀，太子申被擒，魏军十多万人全被齐军歼灭。经此一战，魏国元气大伤。齐国则气势鼎盛，在东面渐渐形成了与西面秦国的对立之势。此后孙膑的军事才能也得到了大家的广泛认可，由此闻名天下。

在随后的几年中，魏国又多次受到齐国、秦国和赵国的进攻，屡战屡败，此后便一蹶不振。公元前334年，魏惠王前往徐州与齐威王会盟，互尊对方为王，这就是"徐州相王"。战国进入了齐国和秦国争霸的时期。

战国中期：齐秦相争

在魏国衰落的同时，齐国渐渐崛起；起初不受人注意的秦国，国力也逐渐上升。对于相继强盛的两个大国来说，霸主之位势在必得。

齐威王励精图治

魏国称霸期间，齐威王即位，他是"田氏代齐"后第四位国君。他继位的前几年，仰仗齐国国力雄厚，贪图玩乐，不理朝政，将所有事务都交给卿大夫管理。其他诸侯见状，先后趁机攻打齐国，抢占领地，齐国境内民不聊生。

邹忌讽齐王纳谏

齐威王的臣子看在眼里，急在心上，宰相邹忌便想出一个办法劝谏威王。一天，他告诉齐威王说："前几日，臣听闻城北徐公是天下数一数二的美男子，便分别问了我的妻子、小妾和门客：'我和徐公谁更美？'他们回答我更美，但我后来亲眼见过徐公后自愧不如，刚刚深思后才想明白原因。"齐威王问："你说说看是什么原因。"

邹忌答道："因为我的妻子偏爱我，我的妾害怕我，我的门客有求于我，所以都说我比徐公美。"他接着说，"现在齐国地大物博，宫里的妃嫔亲信没有不偏爱大王的，满朝大臣没有不害怕大王的，国境之内没有不有求于大王的。由此看来，大王也受到严重的蒙蔽了！"

齐威王一听，顿时恍然大悟，立即发布命令，鼓励大臣和百姓向他提出批评建议。刚开始群臣都去进谏，朝廷像集市一样热闹。数日后，进谏的人越来越少；一年后，齐威王励精图治，齐国得到了很大的改善，人们想提意见都没有什么可说的。

辨贤除奸

同时，齐威王也开始认真辨别忠臣与奸臣。即墨大夫因为不会讨好齐威王身边的人，常被人背地里说坏话，但齐威王派人考察他管理的地区后，奖励了他的杰出工作。而另一个阿城大夫虽然常常用钱贿赂齐威王身边的人替他美言，但是他管理的地方民怨载道，齐威王知道后，烹杀了阿城大夫和帮他说过好话的人。

就这样，齐威王在邹忌的帮助下进行了全方位的改革，让齐国上下都呈现出新气象。后来，齐威王又多次派兵帮助赵国和韩国，并大败魏国。自此，齐国的威望愈发鼎盛，逐渐成为东方霸主。

秦国的复兴

秦国的复兴要从秦献公说起。在秦献公出生以前，秦国经历了数次内乱，国力大为削弱，而魏国也趁机多次入侵秦国。秦献公年轻时，为躲避国内的政治谋杀，流亡魏国二十九年。

秦献公归国

在这漫长的流亡生涯中，秦献公目睹了魏国的繁盛和秦国的衰败，最终决心回国夺位。他一面学习研究魏国的强国经验，另一面仔细观察秦国国内的局势。他终于等到了机会。精心筹备一年后，在魏国君主魏武侯的帮助下，秦献公回到了秦国并杀死了政敌，抢回了自己的王位。

继位之后，秦献公与魏国讲和，边境安定，因此得以专心改革秦国的各项制度。秦献公废除了殉葬制度，迁移了都城，并扩大商业活动，使国内经济得到很好的发展。后来，秦献公又开始对外征战，收复河西等失地。秦国的国力日渐提升，逐渐恢复往昔威望，这也为日后秦国的商鞅变法打下了基础。

商鞅变法

秦献公去世后，年仅 21 岁的秦孝公继位。为增强秦国实力，在诸侯国的争霸中处于有利地位，秦孝公立志变法图强，希望实现父亲未竟的宏愿。他四处发布求贤令，吸引了许多人才，其中就有卫国人商鞅。

其实，魏国的国相本在很早之前就向魏惠王推荐过商鞅，并且告诉魏惠王：“他年轻有为，是大才。如果主公不用他，就一定要杀掉他，不要让他投奔其他国家。”魏惠王并没有把这话放在心上。到秦孝公时，商鞅变法揭开序幕。秦孝公任命商鞅为左庶长，分别在公元前356年和公元前350年两次实行变法，从经济、政治和军事上全方位改革了秦国的制度。废井田、开阡陌，实行县制，奖励耕织和战斗，实行连坐之法，是商鞅变法的主要内容。

商鞅第一次变法的主要内容有：实行《法经》，并增加了连坐法，轻罪重刑；重农抑商，奖励耕织，以农业为本；废除旧的世卿世禄制度，奖励军功，贵族没有军功的就没有爵位；推行个体小家庭制度等。秦国自从商鞅变法以后，农业生产增加了，军事力量也强大了。

之后，商鞅开始了第二次变法：废除了贵族井田制、奴隶制、土地国有制度；推行县制，并迁都咸阳；统一度量衡，编订户口，五家为伍，十家为什，并按人口征收军赋；革除残留的戎狄风俗，规范社会风俗等。

经过商鞅变法，秦国很快富强起来，人民安居乐业，社会秩序井然，这也为秦孝公对外征战的胜利奠定了基础。在几次战役后，秦国从魏国手中收复了许多失地，重新成为西边的霸主。

▲商鞅方升图。这是由商鞅负责监造的秦国标准量器，也是中国度量衡史上极重要的珍品

不过，商鞅的变法改革得罪了很多旧贵族，他们怀恨在心。秦孝公死后，秦惠文王即位。旧的贵族编造罪名，报复商鞅。秦惠文王为平息贵族的怒气，不得不以五马分尸的极刑处死了商鞅。商鞅虽然死了，但他的改革措施仍旧被留下了，并成为秦国走向霸主之路不可或缺的宝藏。

齐衰秦盛

魏国衰落时，正是齐、秦、楚三国鼎立之时。后来楚国渐渐衰落，局势又变为齐、秦对峙。齐、秦便开始争取其他诸侯国，不断攻击对方；而剩下的几个国家，就在联秦抗齐与联齐抗秦中摇摆。

楚霸南方

楚国本是春秋时期的老牌强国，但在春秋末期因为吴国的入侵而大伤元气。不过随着后来几代君王的治理渐渐有所好转。战国初期，楚悼王任用吴起变法，国力大增，并多次打败周边国家，天下都畏惧楚国的势力。

楚悼王死后，楚国发生内乱，国力有损，但依旧强大。到楚宣王和楚威王即位时，楚国的国力达到了巅峰，被称为"宣威盛世"。在此期间，楚宣王扶持了秦献公和秦孝公，秦国和楚国两国交好，共同对付魏国。后来齐魏相互称王，楚威王大怒，发兵大败齐威王，称霸一时。就这样，楚国的盛世一直延续到楚怀王时期。

秦国破坏齐楚联盟

楚怀王时期，秦国和齐国更加强盛起来，楚国成为双方拉拢的对象。一开始，齐国抢占先机，率先与楚国联盟，这让秦国想要攻打齐国的计划落空。秦国决心拆散齐国和楚国的联盟。

为此，秦国派大臣张仪到楚国，劝说楚怀王与齐国绝交，而与秦国结盟，并口头许诺归还此前占领的部分领土。楚怀王信以为真，但

▲傅抱石《屈原图》

等楚国和齐国断交后，秦国却拒绝兑现诺言。楚怀王大怒，发兵攻秦，但没想到在丹阳被秦军大败，被杀八万士兵，被占六百里地。

不久，张仪又说服韩、赵、魏与秦国合作，一起攻打楚国，占领了楚国大片地区。公元前299年，楚怀王不顾屈原忠告，受骗前往秦国，被扣留后，最终死于秦国。从此，楚国的强国地位一去不复返，齐、秦相争的时代到来。

苏秦反间，齐国衰落

在这场拉锯战的开始，齐国本略占上风。公元前307年，赵国的赵武灵王大兴改革，让赵国的军事实力显著提高，这自然成了秦国向东发展的障碍。秦昭王为了打击赵国，派使者请齐湣王与其结盟，联合其他五个国家共同攻击赵国。

▲乐毅像

此时，燕国大臣苏秦也在齐国活动，他因为帮助齐王灭宋，深得齐王信任。在他的劝说下，齐王拒绝了秦国的提议，并在公元前287年，联合燕、韩、魏、赵等国军队，共同进攻秦国。秦国大败，割让土地给魏国和赵国求和。

不过不管是灭宋，还是攻秦，苏秦并不是真正为齐国或是赵国着想，他最终的目的是联合秦国和赵国来攻击齐国。因为如果齐国强盛，燕国就更加危险。

公元前 286 年，齐国成功灭宋，更加名声大震，但同时也让其他国家更加不安。苏秦继续悄悄游说各国君主联合起来反对齐国。终于，在公元前 284 年，燕国联合秦国、韩国、赵国、魏国，组成五国联军，由大将军乐毅为大统领，讨伐齐国。最后，联军一直攻破了齐国都城，夺取了齐国大部分疆土。

当乐毅率领燕军开始破齐时，苏秦被齐王以间谍之罪而车裂于市。苏秦用数年的精心谋划和生命的代价，换取了齐国的衰落与燕国的安全。

战国晚期：从分裂到统一

五国伐齐后，尽管齐将田单最后驱逐了燕军，收服了失地，但齐国元气大伤，再也没有与秦国抗衡的能力。齐国退出争霸舞台后，赵国成了秦国在东边的唯一对手。

秦赵相争

一开始，秦国并没有与赵国正面起冲突，相反，选择与赵国暂时修好，专心消灭其他国家。

灭楚魏，败于赵

首先受到攻击的就是楚国。公元前 278 年，秦昭襄王派大将军白起，率秦兵数万，进攻楚国都城鄢郢（yǐng）一带，并在两年内攻克了其周围百里的富庶地带，在此建立南郡。楚王被迫迁都，楚国势力也大大削弱。

秦攻破楚都后，下一个目标就是魏国。秦国几次攻打魏国后，魏国投入赵国的怀抱，联合赵国攻打秦国的附属国韩国，但没想到被秦国的援军打得损失惨重，最终割地求和。

最后，秦国把目光转回了赵国。此时的赵国国富兵强，也在不断攻取齐国和魏国的土地，这必然与秦国积累众多矛盾。公元前269年，因为赵国不履行交换领土的协议，秦国出兵攻打赵国，赵国将领赵奢用计大破秦军。而后秦国再次进攻，将军廉颇又让秦军吃了苦头。

喋血长平

接二连三的惨败，大挫了秦国的锋芒，让秦国决定先攻击周边的韩国。韩王知悉后，十分惊恐，愿意割让上党来求和。但上党的百姓并不愿意，派出使者到赵国求援，愿意献出上党换取保护。

赵国国君与大臣商议后，决定冒险接受这个提议。为了防止秦军来进攻，他派出了经验丰富的老将廉颇驻守长平。

赵国的行为引起了秦国的不满。公元前262年，秦国出兵伐赵，进攻长平，赵将廉颇迎战。但前几个月中，赵军连败。廉颇观察形势，认为秦军人马众多，粮草运输困难，不利于久战。于是他命令赵军凭险扎营，修筑堡垒，固守城池，他认为时间一长，秦军自然不战而退。就这样，廉颇与秦军僵持了三年之久。

但赵王以为廉颇是畏惧秦军而久久不战，十分不满，几次派

▲白起像

人责备廉颇。这时，秦军的粮草供应也开始紧张，秦将白起十分着急。于是，他采用了谋士的计策，想让赵国换掉廉颇。他派人到赵国到处散布谣言，说："廉颇怯懦畏战，秦军并不害怕，秦军害怕的是一个叫作赵括的年轻将领。"

赵孝成王听后，轻信了秦国的谣言，立马让赵括顶替了廉颇的主将之位。然而赵括并没有实战经验，只知道纸上谈兵。同时，他狂妄自大，也不听有经验的长者的意见。反间计成功后，秦军假意换掉将军白起，让赵括更加轻敌。

公元前 260 年，赵括一到前线就大举出兵进攻秦军。白起用计将赵军团团包围，赵军连番突围都以失败告终，而赵括也被射死。

这场大决战后，赵国彻底退出了争霸的舞台。

纸上谈兵

出自《史记·廉颇蔺相如列传》，意思是指在纸面上谈论打仗。比喻空谈理论，不能解决实际问题。也比喻空谈不能成为现实。

始皇嬴政，一统中华

与其他六国渐次衰颓相反，秦国始终如一颗冉冉上升的新星，愈发闪耀。几年之内，秦国平定了富庶的巴蜀之地，进一步保障了自己的粮草兵马。秦国还吞并了周天子的领地，周王室从此不复存在。

秦王嬴政是秦国最后一个王，也是中国第一个皇帝，被称作秦始皇。到他即位时，秦国已经在多年的战争中吞并了其他国家的大片土地。嬴政感到统一中国的机会终于到来，公元前 230 年到前 221 年，秦军以秋风扫落叶之势，灭掉了韩、魏、楚、燕、赵、齐六国。

出生赵国，身世奇特

嬴政从出生开始就带有传奇色彩。公元前 267 年，秦昭王的太子死在魏国，两年后立了第二个儿子安国君为太子。安国君有二十多个儿子，但他最宠爱的华阳夫人却没有儿子。后来赵国需要人质，他就把一个不受宠的儿子异人（后来的秦庄襄王）送去了赵国。因为秦、赵连年交战，再加上是庶出，异人在赵国很不受待见。

卫国有一个大商人叫吕不韦，他去赵国都城邯郸做生意，见到异人十分欣喜，说："异人就像是一件珍贵的宝物，可以囤积起来，等待以后高价卖出。"于是他成功说服异人，成了异人的谋士。吕不韦用重金打通关系，见到了华阳夫人，并说服她让异人认她为母，改名子楚。同时，吕不韦还给了异人资金支持，让异人在赵国广结人脉。就这样，异人的名声在赵国见长。

据野史记载，异人在吕不韦所设的宴席上看到了一个叫作赵姬的绝美姬妾，便让吕不韦将其赠给他。当时赵姬刚怀上了吕不韦的孩子，但是她并没告诉异人，直到十个月后生下了一个儿子，起名嬴政。异人也将赵姬立为夫人。

死里逃生，继位除敌

公元前257年，嬴政两岁。秦国围攻邯郸，情况危急，赵国想要杀死异人。所幸吕不韦贿赂了守城小官，异人才得以逃回秦国。赵国想杀掉赵姬和嬴政，因为赵姬的身份母子才得以幸免于难。

公元前251年秦昭王去世，安国君继位。在华阳夫人的劝说下，异人被立为太子。此时，赵国也将赵姬和嬴政归还给秦国。没想到守孝一年后，安国君刚刚正式登上王位三天就突发疾病去世了。异人继位，为秦庄襄王，吕不韦则被异人封为丞相。

公元前247年，秦庄襄王去世，嬴政继位成为新的秦王。因为嬴政年少，吕不韦把持了国家朝政，在朝堂上的势力越来越大。嬴政一直想除掉吕不韦的力量。公元前237年，嬴政趁势免除了吕不韦的职位，将其流放，最终吕不韦喝下毒酒自杀身亡。

吞并六国，一统中华

清理完政敌后，嬴政真正掌权，他开始任用尉缭和李斯等人，积极实现他统一中国的理想。

公元前236年，赵国和燕国发生战争，秦国趁机抢占了赵国的大片土地。公元前234年，秦国又大举进攻赵国，并在所占之地设立雁门郡和云中郡。

公元前230年，秦国俘虏了韩王，韩国灭亡。而此时赵国遭旱灾，秦国派大将王翦（jiǎn）趁机围攻赵国。赵王的宠臣收受了秦国的贿赂，散布流言说赵国领军大将谋反。赵王更换新将领，赵军不久就被秦国一举歼灭，赵国灭亡。

公元前 227 年，嬴政又派王翦攻击燕国。燕国败后迁都，秦军追击，燕王将太子丹的首级献给秦国求和，才免于被灭。但嬴政并没有停下征伐的脚步，两年后，他先灭掉了魏国。同一年，他两次派大军进攻楚国，先败后胜，最终擒获了楚王。接下来的两年，王翦继续在江南征战，降伏了越国之君后，楚国也终于灭亡。这一年，燕国也被秦国所灭。

到公元前 221 年时，六个国家只剩下齐国。齐国此时也不堪一击，秦国从燕国南下，很快就灭掉了齐国。

就这样，从公元前 230 年至公元前 221 年的十年时间里，韩赵魏楚燕齐六国被秦国尽数所灭。公元前 219 年，南方的百越地区也被纳入秦国管辖。

至此，中国自春秋以来的分裂局面，终于在秦王嬴政的手里终结了。中国历史也迎来了新的篇章，大一统的秦帝国终于形成。

历史人物

神灵里的发明家

画卦的伏羲氏

在远古神话中，有一个重要的神，叫作伏羲。相传，他出现的时间和女娲差不多。那时候在华胥国有一个华胥氏的姑娘，去一个叫雷泽的地方游玩，无意间看到了一个巨大的脚印，便好奇地把自己的脚踩了进去，没想到因此怀孕。十二年后，她生下一个人首蛇身的儿子，取名为伏羲。不过也有传说认为，伏羲并不是由人所生，因为他是创造这个世界的神灵之一，也一定早于人的出现。

不过不管伏羲是怎么诞生的，他都为后来的人类作出了许多贡献，其中之一便是创立了八卦。当时，大自然对人类来说神秘莫测，不可捉摸。天气变化，日升月落，生老病死，人们都不能理解其中的奥秘。伏羲看到人们日日生活在担惊受怕的未知里，十分忧虑，每天抬头看天上的风云变幻，低头看地上的虫鱼鸟兽，想从中找出可以依凭的规律。

终于有一天，他在黄河边看到了一只像龙又像马的动物，它的背上长着花纹。伏羲把这个花纹记在了树叶上，仔细琢磨。思考了几天几夜后，他终于悟出了天地万物的变化规律就是一阴一阳而已，便据

伏羲氏

太昊伏羲氏风姓代燧人氏继天而王母名华胥
居於华胥之渚生帝於成纪蛇身人首都宛丘帝
德合上下天应以鸟兽文章地应以河图洛书始画
八卦通神明之德类万物之情造书契以代结绳之政
上古男女无别帝始制嫁娶以俪皮为礼正姓氏通媒
妁以龙纪官始化大治断桐为琴绳丝为瑟以修身理
性反其天真始作网罟教民佃渔养六畜以充庖厨以
为牺牲享神祇故又曰庖牺氏在位一百一十五年

▲伏羲像 清·无名氏《历代帝王圣贤名臣大儒遗像》

109

此画出了八卦。从此，伏羲便能根据八卦，为人们占卜吉凶，推演未来，让人们的生活更加平安快乐。

伏羲不仅发明了八卦图，还是第一个学会结绳为网，用它来打猎捕鱼的人。传说，伏羲受了蜘蛛结网的启发，把麻绳编织成网，发现用这个工具抓鱼不仅又多又快，还能用来打鸟。他把这个办法传授给部落里的其他人，人们因此有了更多的食物。

伏羲为人类的艺术发展也作出了贡献。相传，他创造了琴和瑟这两种乐器，还制作了乐谱，使得人们的生活更加丰富多彩。

取火的燧人氏

说起发明创造，我们一定要说说远古时期另一个伟大的发明家——燧人氏，就是他为人们的夜晚带来了光明，也让人们的食物因为加热而变得更加美味健康。

相传，远古时代有一个国家叫作燧明国，那里没有白天黑夜，也没有春夏秋冬。那里的人们不老不死，如果想离开这个世界，需飞上天空。这个国度里有一棵树，叫作燧木，它的根盘综错杂，绵延千里，有一万顷地那么大。这棵树非常高，云雾都悬在树干的中间。这棵树非常特别，如果把它的树枝折下来，再用工具钻孔，就会产生火花。后来有一个圣人，因为世间的食物生食腥臊恶臭，并且容易生病，便周游世界，想给人们寻找一个解决这个问题的办法。他走了很远很远，来到了世界的最南边，一个日月照耀以外的地方。他看到了这棵树，发现一只奇特的小鸟正在用嘴啄树，突然火花从树中迸发出来。圣人因此受到启发，便在这里取了一个小树枝，钻出火种，带回了他原来的部落。从此，人们夜晚也可以相聚跳舞，所有的食物都可以烧熟了来吃，人们的寿命也更加长了。于是人们就把他称为"燧人氏"。

不管是伏羲画卦结网，还是燧人氏取火，都是从一个方面记录着我们的祖先们是如何一步步地通过自己的智慧，改善生活，推动着人类社会的进步。

永不放弃的炎黄子孙

夸父逐日

在远古神话中，有许多神话的主人公都与炎帝和黄帝有关系。比如根据《山海经》的记载，在北方的大荒中，有一座大山名叫"成都载天"。山上有个人，耳朵上有两条黄蛇，名叫夸父。夸父是后土的子孙，他身材魁梧，力大无穷，认为世界上没有他做不到的事情。那时候，太阳像个大火球，烤得大地炙热无比。夸父突发奇想，不自量力地想要追逐太阳的影子，要在太阳落下的虞渊把太阳摘下来。

于是他拿起手杖，迈开长腿，一直朝着太阳的方向跑啊跑，在北方的原野上跑了几万里。眼看就要追上太阳了，他却因为长时间的奔跑口渴难耐，一口气把黄河和渭河的水喝完，但还是不够。他打算向北跑到大泽喝水，那里又叫瀚海，在雁门山的北边，纵横千里。但他实在太累了，还没有走到就倒下了，再也没有起来。临死前，他把手里的手杖往旁边一扔，就变成了一片桃林，他的身躯也化作了夸父山。

有神话学家认为，太阳代表了光明和真理，夸父逐日的故事展现了人们对于自然界知识的探求，夸父死在奔向真理的途中，象征着这一旅途的艰险。夸父这个悲剧性的人物，鼓舞着人们面对真理勇往直前。

神话宝库《山海经》

《山海经》是一部先秦时期流传下来的重要古籍。它记载了中国古代的大量神话，还包括各种地理、植物、动物、宗教、民俗等知识。《山海经》全书记载了约四十个邦国，五百五十座山，三百条水道，一百多位历史人物，四百多个神灵鬼怪。这些神灵大多属于天、地等自然界的方方面面。我们如今讲述的神话故事，大多是从《山海经》中发展衍变而来的。

精卫填海

同样是在炎帝时期，也有一个与夸父有着相似精神的人物。她是炎帝的小女儿，叫作女娃。相传，她活泼可爱，爱去海边玩耍，但是有一天却发生了意外。那天，女娃驾着小船在东海游玩，突然卷来的大浪把小船打翻，女娃来不及挣扎，就被大海无情地夺走了年轻的生命。

女娃不甘心自己的死，她的灵魂来到了发鸠山，山上生长着很多柘树。女娃化作了一只小鸟，黑色的羽毛，头上有花纹，白嘴壳，红爪子。它常常对着大海，不知疲倦地鸣叫，声音听起来就像是在叫"精卫，精卫"，所以人们给她起名叫"精卫"。

精卫发誓要把大海填平。从此之后，精卫夜以继日地从西山衔来一条条小树枝和一颗颗小石子，扔进大海里。大海嘲笑她："我无边无尽，你永远不可能填平。"但精卫坚定地回答："大海再大也有边界，大海再深也有止尽，只要我坚持不懈，总有一天能够将大海填平。"大海听了，轻蔑地大笑，精卫却并不理会，她从不止息，一直在做着这件似乎并不可能完成的事情。

晋代诗人陶渊明的诗句"精卫衔微木，将以填沧海"，就是赞颂这种不畏艰难、不达目的誓不罢休的精神的。

造字的仓颉

人类之所以与其他动物不同，其中一个很重要的原因是因为我们拥有文字。这使得我们能够更广泛地传播我们的思想，也能把这些思想留存得更久。所以创造文字是一件非常伟大的事情。

结绳记事

据传说，黄帝手下一个叫作仓颉(jié)的人创造了中国最早的文字。一开始，仓颉负责管理部落的牲口与食物，为了清楚明白地记录牲口和食物的数量，他便想出一个结绳记事的办法。他使用不同粗细的绳子，打上不同大小的绳结，绳结的距离和结法不同，就用这些差异来表示不同的意思。这个办法虽好，可随着部落的发展，要记录的事物越来越多，于是仓颉又加上了在木头上刻出标记的方法，但是仍然手忙脚乱，因此仓颉觉得迫切需要创造一种新的符号来记录事物。

从脚印到字符

仓颉冥思苦想，也想不出有什么好办法。直到有一天，仓颉随黄

倉頡

四目觀鳥跡制字淮南子曰倉頡造書天而粟

鬼夜哭自書契作詐偽萌生去本逐末棄耕耘之

業而務刀錐之利天知其將餓故為而粟鬼恐其

為文所劾故哭

▲仓颉像 清·无名氏《历代帝王圣贤名臣大儒遗像》

帝去南方狩猎，看到了动物的脚印，仓颉辨认不出来这是什么动物的脚印。正巧走来一位猎人，一眼就分辨出不同的脚印属于哪一种动物。仓颉突然受到启发，他想到，每一种动物脚印的形状不同，人们就可以根据它来判断动物；每一种事物也都有不一样的形状，如果他能够根据事物的特征创造一种符号，让人们一看到它就能想到代表的事物，那就太好了。

后来他就在洧（wěi）水河边的一个木屋里住下，每天专心观察世界万物，以便创造出更符合事物特征的字。他夜以继日地观察天上的星宿云雨，地上的山川鸟兽、草木虫鱼，然后用线条把物体的外形特征勾画出来，创造出不同的符号，并确定符号的意义。

仓颉把这个符号叫作"字"。这些字可以分为六种类型，第一种是用象征性的符号来表示意义的，比如"上"和"下"；第二种是根据形状产生的，比如"日"和"月"；第三种是根据类属和声音产生的，比如"江"和"河"；第四种是用几个单独的字合在一起表示新的意思，比如"武"和"信"；第五种是许多部首相同或者可以表示同一类意思的字，比如"考"和"老"；第六种就是借用已有的发音相同或者相似的字来表达的字，比如"令"和"长"。

天雨粟，鬼夜哭

仓颉开始用这些字来掌管事务后，部落的事情被管理得更加井井有条。黄帝知道后，大加赞赏，把这个方法推广到其他各个部落。从此以后，人们的交流更加顺畅，生活也更加便利。

据《淮南子》记载，仓颉创造出文字时，天上降下粟米，鬼怪在夜间大声哭泣。这是因为上天担心人们学会文字后，就变得奸诈虚伪，不再从事农业耕作这种根本的劳动，而是去追逐一些微小的利益，上苍担心人们会因此饿死，就降下粮食。而鬼怪哭是因为他们担心以后自己的罪行会被文字记录下来，所以十分害怕。也有说法是兔子在夜间哭泣，因为它们担心人们学会文字后，就要用自己身上的毫毛做笔。

这些记述当然是一种传说，不过也确实反映了文字的创造给人类生活造成的深远影响。而造字的仓颉就是首要功臣。

日月传说

对于远古时的人们来说，太阳是自然界中最重要的东西，人们日出而作，日落而息。

所以关于太阳的神话非常多。除了夸父追日，还有射日英雄的故事。

羿射十日

相传，在尧做部落首领的时候，天空中有十个太阳，他们都是天帝帝俊（qūn）和妻子羲和生的儿子。他们住在东方海外的热水谷中，这十个太阳孩子就住在热水谷的扶桑树上。一般来说，一个太阳睡在扶桑树的树梢时，其余的九个太阳就会栖息在树的低枝上，而在树梢上的那个太阳就要驾着六条龙牵引的车子，开启一天的行程，穿越天空，把阳光洒满整个大地。就这样，十个太阳轮流值日，秩序井然，万物都和谐美满地生活着，人们都十分感谢太阳带来的光和热。

可是突然有一天，不知道什么原因，这个安排被打破了。十个太阳在黎明的时候，全部爬上了双轮车，划过天空。这一下，天空中就出现了十个太阳，大地上的人和动物都受不了这样的高温，河流干涸，森林着火，庄稼和房屋都被烧成了灰烬，动物都死光了，怪物都跑出来，而人也奄奄一息。

尧的手下有一位名叫羿的英勇的年轻人，他是一个神箭手，射箭百发百中。尧便命令他去杀死怪兽，驱赶太阳。见到有人来追赶，十个太阳便一直逃跑，羿便追着十个太阳翻过了九十九座高山，来到了东海边。十个太阳无路可逃，羿拉开弓箭，连着射了九箭，九个太阳便一个一个掉进海里消失了。最后剩下了一个太阳，羿知道世界万物仍旧需要太阳的贡献，就饶过了它，并认真地嘱咐它，让它每天按时升起，按时落下，为民造福。

嫦娥奔月

羿射日后，大地又恢复到了安宁的生活，羿也成了一个为民除害的大英雄，许多人都想向他拜师学艺。其中有一个叫作逢蒙的人，他阴险狡诈，想得到羿的仙丹，就混在人群中拜在了羿的门下。那颗仙丹是昆仑山上的西王母因为羿射日的功劳而赠送给羿的，人吃半颗就可以长生不老，吃一颗就能飞升成仙。羿有一位非常美丽善良的妻子，叫作嫦娥，她时常救济穷人，深得老百姓的喜爱。羿不愿意离开她，就把仙药藏在了家中。

八月十五日这天，羿带着其他人出了门，逢蒙借故留在家中。他等到四下无人时，就闯进嫦娥的房中，逼她把仙药交出来。嫦娥不肯听从他的胁迫，担心逢蒙拿到仙药会让更多人受伤害，便趁逢蒙不留

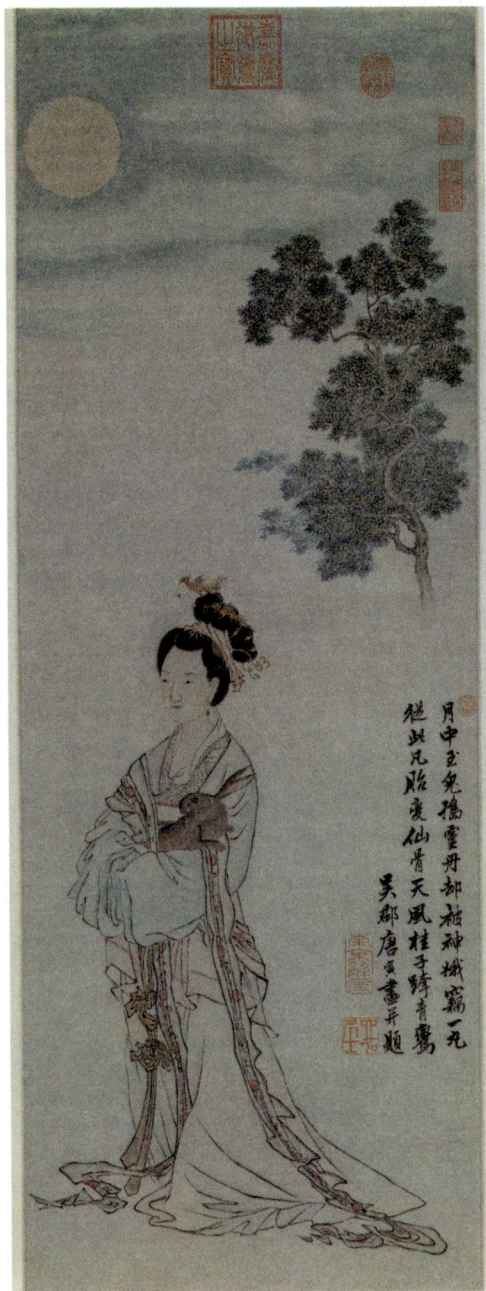

月中玉兔捣灵丹却被神娥窃一丸
从此凡胎夐仙骨天风桂子障青鸾
吴郡唐寅画并题

▶明·唐寅《嫦娥奔月图》

神一口吞下了仙药。

嫦娥吞下仙药，就觉得自己的身子慢慢变得轻飘飘的，开始向空中飞去，离地面越来越远。她也不知道自己应该去向何处，看到远处皎洁的月亮，她决定朝那里飞去。

嫦娥奔月还有另一个说法。嫦娥不是被逼吃下仙药，而是偷偷独占了仙药，所以她被罚变成了蟾蜍，从此孤独地守着月宫，这就是人们总把月亮上的广寒宫称为蟾宫的由来。

不过，各种版本的结局大多是相似的。羿回家后，发现嫦娥已经不见了，抬头看见月亮上的桂花树旁站着的正是自己的妻子。羿和老百姓都十分思念嫦娥，所以每年的八月十五，大家都会坐在一起，望着月亮，表达对她的思念之情。

英勇的女将妇好

中国的历史不仅仅是由男子的故事组成，还有许许多多的优秀女子，她们也在中国的历史上留有浓墨重彩的一笔。商朝武丁时期的妇好就是一个例子，她是中国历史上有文字记载的第一位杰出的女将军，也是一位非常厉害的女政治家。

巾帼不让须眉

妇好是商王武丁的妻子。在当时，"妇"是一种尊敬的称呼，妇好的姓是"好"。武丁先后有过三个王后，六十多个妻子，妇好只是其中之一。但在商代，妻子不仅是商王的配偶，还是将军和臣子。武丁执政时期，多次发动对周边部族的战争，大大地扩大了商朝统治的范围。妇好就是同他一起征战沙场的一个大将军。

一年夏天，北方边境的战争一直没有能结束，妇好勇敢地站出来请求带领军队去前线杀敌，武丁起初有些犹豫，但经过占卜后同意了妇好的请求，结果妇好出人意料地大败敌军。从此以后，妇好在军队里的声望更加高了，武丁让她担任统帅，她率领下的军队一连打败了周围二十多个独立的小国。

▲嵌绿松石青铜戈（妇好墓出土）

　　这一时期出兵最多的一次战争是攻打西部的羌方部落，而领兵的统帅也是妇好，那一场战争后，商朝的西部边境也安定下来。在攻打巴方时，妇好和武丁提前谋划，埋伏了军队，武丁负责突然袭击，妇好负责包围敌军，最终大获全胜。有人说，这可能是中国最早的"伏击战"。妇好的骁勇善战从她的墓穴陪葬品中也可以看出来。在她的墓穴中，不仅有玛瑙和铜镜这样的女子装饰品，还有大量的兵器。

政治家与占卜官

　　除了征战四方，妇好还积极参与政治活动。武丁经常委托妇好外出处理政事。她不仅需要处理武丁众多妻子之间的事务，还需要配合大臣工作。有时候，她还需要去拜见贵族中德高望重的老人，代表武丁表示统治者尊老爱臣。

　　不仅如此，妇好还有自己的封地，独立管理一部分土地和人民，所以她还会向王都进贡许多物品。从进贡的数量来看，妇好十分富有。

▲商王武丁时期刻辞卜甲

在担任将军和政治家之外，妇好还有一个很重要的职责，便是占卜官。在那时候，占卜是一个非常重要的活动，人们不管是农耕出行，还是政务战争，都需要进行占卜，向鬼神询问答案，祈求保佑。而占卜官就是负责与鬼神沟通，他们一般都有很丰富的学识、很高的社会地位。妇好就是其中一个。

▲商朝的妇好青铜鸮尊

妇好墓

不过在那时候，人们的寿命都不长，妇好也是在三十多岁就去世了。这让武丁非常难过，他不仅把她葬在自己处理国家大事的宫殿旁边，好让自己能够日夜陪伴她，还为她修建了极为豪华的坟墓。

1976年，考古学家发掘了妇好墓，出土了接近两千件随葬品，里面有精致的青铜器、玉器等，这些物品可以帮助今天的人们更加深入地了解商王朝的农业和手工业的发展水平，以及当时的文化风俗。

妇好的一生虽然短暂，但是她在战场上立下的赫赫战功，在政治上作出的诸多贡献，都让她在历史上留下了不可磨灭的痕迹。

被挖心的忠臣比干

商朝的最后一位王是纣王帝辛，他每天沉迷于酒色，听信小人的谗言，使得商朝的朝政腐败，统治岌岌可危。纣王的一些大臣，看在眼里，急在心上，但都不敢向他提建议，怕他勃然大怒降罪。其中一位忠心的大臣甘愿冒着被杀的风险，向纣王进谏。这个人就是比干。

比干辅政

比干是商朝君王文丁的儿子，君王帝乙的弟弟，是纣王的叔叔。帝乙继位后，他得到了一块名叫"比"的封地，因此他也被称为比干或王子比干。

比干从小就十分聪慧，勤奋好学。他知识渊博，有丰富的政治经验，在二十岁时就开始辅佐哥哥商王帝乙。帝乙去世前，把纣王托付给比干，让他帮助纣王治理国家。比干从政四十多年，是两朝重臣。他十分体谅老百姓的生活，主张减轻老百姓的税收负担，鼓励发展农业和手工业的生产，希望把商朝变得富强起来。

直言进谏

纣王十分好战，打仗需要征兵，老百姓需要上缴粮食、做苦力等，因此老百姓苦不堪言。纣王一次攻打一个叫作徐夷的大国（东夷部落之一），花了几年时间才成功。比干和一些大臣建议纣王应该先停止战争，让军队和老百姓都能休息一下，等到经济恢复，国力强盛，再去跟其他东夷部落战斗。

纣王不愿接受这个建议，仍旧继续发动战争，虽然最终取得胜利，战胜了东夷，但是国力却大大衰弱。此时，周国趁机起兵反对商朝的统治，纣王勃然大怒，决定发动与周国的大战。比干反对这个决定，但纣王充耳不闻。所以在纣王带着东夷的俘虏出城作战时，比干故意行动缓慢，想减少战斗力的损失。纣王得知后，一怒之下杀掉了比干。

比干挖心

关于纣王是如何杀死比干的，在后来的民间传说中有很多离奇的说法。相传，在一次劝谏中，纣王十分生气："我听说圣人的心有七窍！今天我倒要看看你的心是不是有七窍！"便下令让比干挖出自己的心脏。比干十分失望，挖出自己的心脏扔在地上，却没有立刻死去。他走出王宫，遇到了一个卖菜的老妇人，比干问她人没心，能活吗？老妇人说，当然不能活！比干听后，马上倒下，七窍流血死掉了。这是因为人没有了心脏，就像是商朝没有了老百姓的支持，比干死了，商朝也快要灭亡了。

比干死后，周武王建立周朝。他听了比干冒死劝谏的故事十分感动，下令修整比干的坟墓，封比干为国神。在后来的许多个朝代中，比干都被当作忠臣的榜样，因为他为了国家百姓的命运，敢于向统治者说真话、说实话，是一位了不起的政治家。

奠定西周的周文王

虽然大战商纣王的军队，正式建立起西周的是周武王姬发，但是这一切的准备早在周武王的父亲——周文王姬昌时期就开始了。

文王的父辈

周朝的兴盛要从周文王的祖父古公亶（dǎn）父说起。古公亶父执政时，正是商王武乙的统治时期。公亶父鼓励周族百姓积极发展农业，所以田地年年丰收。那时候西北的戎狄经常侵犯周的领土，百姓的生活并不安宁。于是古公亶父决定将部落迁到岐山，在这里开垦荒地，发展农业，建立诸侯国，并定国号为周。岐山附近土地肥沃，粮食收成更好了，周人因此也越来越强盛。为确保周国的安全，古公亶父和附近的各个国家建立了友好的关系，并且表示愿臣属于商王朝，以减少来自戎狄的威胁。

周文王的父亲季历继位后，也励精图治，在商王朝的支持下，他对周边的戎狄发动了一系列战争。周的强大让商非常不安，商王为了打压周的势力，就借着封赏的名义，把季历叫到了王都，封他为"方伯"，号称"西伯"，但其实是把他关了起来。不久，商王编造了一个罪名，将季历杀死了。

周文王

姓姬名昌黄帝之商后稷之後父李歷娶太姒
生王有聖德嗣王季位躬玫旋仁必先鰥寡孤獨
殷紂時被崇侯虎譖囚於羑里乃取伏羲六十四
卦次序而演之作易以垂後世息虞芮之爭天下
聞之歸者四十餘國獻西洛地請除炮烙之刑許之賜
弓鉞得專征伐退而修德行善諸侯多叛紂歸西伯
享國五十年受命九年壽九十七歲

▲周文王像　清·无名氏《历代帝王圣贤名臣大儒遗像》

132

继位为仁

季历死后，姬昌继位，被称为西伯昌。姬昌继位后，立志一定要让周国强盛起来。为此，他每天都非常勤劳地处理政事。他非常看重人才，对待贤士十分尊敬，皆委以重任，许多其他国家的人听说这些后都来投奔他。

姬昌对待百姓也是十分仁慈，从不施行残酷的刑罚。相传商纣王发明了一个十分残忍的刑罚，将一个涂满油的铜柱放在火坑上，让犯人在上面行走。周文王得知后，表示如果纣王愿意停止使用这种刑罚，他愿意献上自己的一片土地，纣王很高兴地答应了。虽然文王失去了一块土地，但是有更多的老百姓成为他的支持者。

断讼称王

周文王在诸侯之间的威望越来越高。史书上记载，当时的两个诸侯国发生了矛盾，闹得不可开交，就想让德高望重的周文王来决断谁对谁错。使者到了周国，看见周国的人都非常有礼貌，人人都尊老爱幼，使者心中很是惭愧，他回去说道："我们所争吵的，是周国人觉得很可耻的，那我为什么还要去呢？这样只能带来更多的羞耻。"大家听后，就相互谦让地结束了争吵。后来，诸侯听说了这件事，就更是常常找姬昌为大家评判道理。

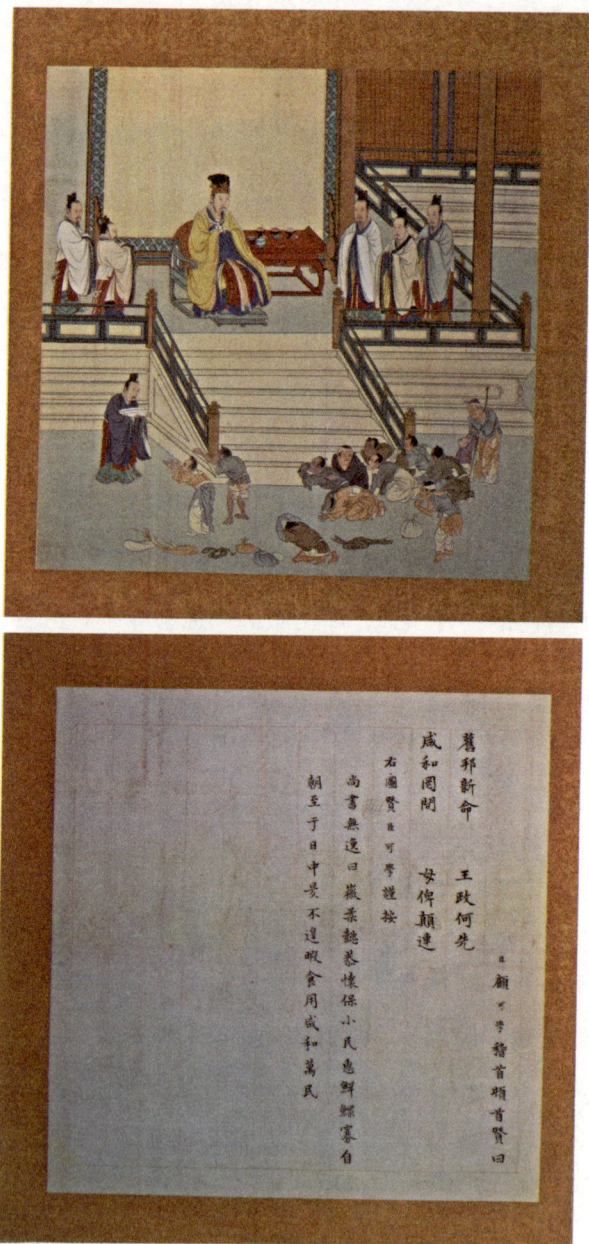

▲明·仇英《帝王道统万年图册之周文王》

被捕入商

周文王的支持者越来越多，纣王开始忌惮周文王，于是找借口将他关了起来。明代小说《封神演义》中讲到，当时周文王的长子伯邑考也在商朝做人质，纣王为了考验周文王是否真的有卜算吉凶的能力，就把伯邑考杀了，做成肉丸子拿给周文王吃。姬昌虽然已经预知这是儿子的肉，但是为了让纣王放松警惕，就假装什么也不知道地吃下了肉丸。

后来周国的大臣用奇珍异宝和美女献给纣王，纣王终于放走了姬昌。回到周国后，周文王更加励精图治，发展经济，训练军队，招纳更多的人才。

周文王在位五十年，虽然他没有亲手推翻商王朝，但是他为儿子周武王后来的成功奠定了坚实的基础。

姜太公钓鱼，愿者上钩

说起武王伐纣，建立周朝，少不了能人志士的帮助，姜子牙就是绕不开的一位。关于姜子牙，后世留下许许多多的传说。

七十未出山

姜子牙，又叫姜尚，后人尊称他为姜太公。史书上说，他的祖先因为有功，在尧舜时期被封在吕地，所以他又被称作吕尚。不过到了姜子牙出生时，他已经只是一个平民，相传甚至五十岁时还在朝歌做过屠夫，开过酒肆，用来补贴家用。不过，姜子牙所期望的是有一天能够为国家做出贡献，帮助贤良的君主治国安邦，所以他一直在学习各种各样的知识。他上知天文，下知地理，文韬武略，无所不通。然而生活比梦想更加残酷，直到七十岁，姜子牙仍然没有遇到赏识他的君主，每日只能赋闲在家。

与此同时，周文王姬昌一直励精图治，势力越来越强，他下定决心要强大自己的国家，推翻商朝，而这就需要更多有才华的人助他一臂之力。因此，他才更加留意寻找这样的人才。

渭水垂钓

姜子牙也听说了周文王要招揽人才，便想办法引起文王对自己的注意。姜子牙千里迢迢来到周文王的属地西岐后，每天都在渭水河边垂钓，等待周文王的到来。

但是姜子牙钓鱼的方法非常奇特。一般人都是用弯钩钓鱼，但是姜子牙的吊钩却是笔直的，不挂鱼饵，离着水面有三尺高的距离。路过的人都很不理解姜子牙的做法，疑惑地说："像您这样钓鱼，怕是永远不能钓着鱼。"姜子牙笑笑说："愿意上钩的鱼，自然会挂上钩来。"慢慢地，姜子牙直钩钓鱼的故事传到了周文王那里，周文王派士兵去请他来见面，但是姜子牙并不理睬，仍旧钓鱼。周文王又派了一个官员去，姜子牙还是不为所动。周文王突然明白，这是一个不简单的能士，需要自己亲自上门聘请才行。于是，文王认真准备后，诚恳地来到姜子牙钓鱼的地方，对姜子牙说："纣王暴虐，民不聊生，我希望您能担任我的老师，帮助我振兴世道。"姜子牙答应了，周文王便拜姜子牙为太师。

因地制宜

姜子牙担任周国的丞相后，周国的势力越来越强大。周文王去世后，姜子牙继续辅佐周武王姬发。姬发在姜子牙的辅助下，联合各

▲明·戴进《渭滨垂钓图》

诸侯共同伐纣。姜子牙精心挑选了兵车三百辆，勇士三千人，甲士四万五千人，组成伐纣大军。讨伐大军在离商都朝歌郊外七十里处的牧野与各诸侯会合。战幕拉开了，姜子牙亲自率领少数精锐部队为先锋，攻打商朝部队，随后周武王率领其余兵士攻击商纣王。因为商纣王的暴虐，士兵们纷纷倒戈。商纣王见大势已去，自焚而死。最终商朝灭亡，周朝正式建立。商朝灭亡后，姜子牙被周武王封于齐地，都城位于营丘（即今淄博市临淄区）。

姜子牙认为治理好一个国家最重要的是顺应当地的习俗，精简烦琐的礼仪。因为他的封地齐国多是东夷人，当地的习俗是根据才能推选做官的人，姜子牙便没有照搬周朝的制度，而是与本地传统相结合，因此获得了齐国百姓的支持。姜子牙还根据齐地的自然环境制订政策。他认为这里的土地不适合种庄稼，但是交通便利，所以应该专注于商业和手工业的发展。同时齐地靠海，发展渔业和盐业也是个不错的选择。

就这样，在姜子牙的治理下，齐国很快富强起来。在后来的春秋时期，齐国称霸诸侯，就是在这时候奠定下的基础。

烽火戏诸侯的周幽王

周幽王是西周的最后一位君王。他的父亲是周宣王，母亲姜后是齐国国君的女儿。周宣王去世后，周幽王继位，但却因为他贪图美色，荒废朝政，西周很快被犬戎族所灭亡。

千金买一笑

我们在前面说过，周幽王得到了貌若天仙的褒姒，十分喜欢。但是相传，褒姒虽然长得沉鱼落雁，却对周幽王十分冷淡，自从进宫以来，她从来没有露出过一次笑容。为了博取褒姒的笑容，周幽王想尽了一切办法，褒姒仍旧冷若冰霜。周幽王实在是束手无策，便对臣下说，如果你们谁能想出办法让褒姒开心一笑，那就赏赐他一千斤金（这时以黄铜为金）。

果然没过多久，一个奸诈的大臣虢石父就替周幽王提供了一个妙法，那就是借用烽火台来表演一出好戏。烽火台是当时的一个防止敌人入侵的军事报警系统，从国都到边境要塞上，都有这样的烽火台。西周时期的烽火台，主要防范的是犬戎族的侵扰，都城镐京附近的骊山就修筑了二十多个烽火台。如果犬戎来侵袭，第一个发现的哨兵就

▲清·周培春《古代美人图之褒姒》

立刻在台上点燃烽火，旁边烽火台的哨兵看到了便一个接一个地点燃烽火。一般来说，白天施烟，夜间点火。附近的诸侯看到了燃起的烽火，就明白有敌人进攻，便会率领军队到首都保护周王。虢石父说，如果褒姒看到诸侯们纷纷赶来，却白忙一场，一定会觉得很好笑。周幽王听了，觉得是个好办法，便带着褒姒一起去骊山游玩。

烽火戏诸侯

郑桓公听说了周幽王的计划，吓了一跳，急忙前去劝说周幽王："先王设立烽火台是为了紧急之用，如果无缘无故地点燃烽火，戏弄诸侯，一旦真有戎狄的军队侵犯，到时候再点烽火，难道还会有人再相信您吗？"周幽王的心中只有褒姒的笑容，听不进任何的意见，命令人立即点燃烽火。

烽火台一个接连一个地被点燃了，滚滚的狼烟和熊熊的大火燃遍了整个边境。果然，附近的诸侯看到了点燃的烽火，都以为有敌人进攻王都，立马率领军队前往骊山保卫周幽王。谁知道到了骊山脚下，却一个敌人也没看到。再前进几步，便听到山上的歌声与琴声。仔细一看，只见到周幽王和褒姒在高台上饮酒作乐。周幽王听到诸侯到来，便派人向诸侯说，今天辛苦大家了，这里没有敌人，不过是天子和王后放烟火来取乐。诸侯们才明白自己被戏弄了，十分生气，但也没有办法。褒姒在楼上看见诸侯们都白忙一场，被像猴子一样被戏耍，不禁笑出声来。周幽王一见，十分开心，马上就赏赐给了虢石父一千斤金。

亡国无援

周幽王为了继续讨得褒姒开心，废黜了王后和太子，立褒姒为王后，她的儿子为太子。前王后的父亲申侯十分生气，联合戎狄进攻镐京。周幽王听闻这个消息，大惊失色，立即命令人点燃烽火台，请求诸侯救援。然而正是因为上次的愚弄，诸侯们都不再相信是真的有敌人进攻，没有人再派出援兵。

就这样，孤立无援的周幽王在乱军中被杀死，西周也就此灭亡。当然，烽火戏诸侯只是加速西周灭亡的一个导火索，周王已经失信于诸侯，而同时也失去了民众的支持，灭亡是早晚的事。

至圣先师孔子

孔子（公元前551年—公元前479年），姓孔，名丘，字仲尼，鲁国陬邑（今山东曲阜）人。孔子是春秋时期的大思想家和教育家，儒家学派的创始人。相传孔子的弟子有三千多人，其中有七十二位贤人。孔子去世后，他的弟子们把他的言行语录等记录下来，整理成儒家经典《论语》。孔子被后世尊称为"大成至圣先师"，其儒家思想对中国和世界都有深远的影响，他也被列为"世界十大文化名人"之首。

仕途坎坷，推行仁政

孔子出生在鲁国，祖上曾是宋国贵族。孔子三岁时，父亲叔梁纥（hé）去世，所以孔子从小和母亲相依为命。因为父亲去世早，孔子早年生活贫寒，社会地位低贱，因此也学会了很多谋生的技能。到孔子十七岁时，鲁国当时最有权势的贵族看中了他的才能，让他做自己儿子的家教。后来他又渐渐受到更多官员的赏识，孔子曾做过仓库管理员，也曾经担任过管理牲畜的小吏，后来出任主管营建的司空。

孔子三十五岁时，鲁国内乱，鲁国国君被赶出了鲁国，最后死在了齐国。孔子也辞官前往齐国，但在齐国并不受重用。孔子后来转到

▲明·王谔《孔子画像》

宋、卫两国，也被人驱逐，又在陈国和蔡国两国间辗转，最后还是返回了鲁国。

孔子回到鲁国后，因为四处碰壁，决定离开官场，开始教书育人。孔子本着"有教无类"和"因材施教"的原则，认为任何人都可以接受教育，应该一视同仁地根据他们的特点对他们进行教育。孔子的学生越来越多，声望也越来越高。孔子有弟子三千多人，其中有七十二位贤人。七十二位贤人中有属于贵族的孟懿子、南宫敬叔、孟武伯、司马牛等人；也有属于贫民和卑贱之人的颜路、颜回、仲弓、闵子骞等人，甚至还有"梁父之大盗"的颜涿聚。

孔子五十多岁时，鲁国更加安定了。孔子再次进入官场，先是做中都宰，即主管中都的行政长官，后来又做了司空，主管工程。最后做到大司寇，管理全国的司法事宜。但是孔子推行以仁治国，用道德教化百姓，而不是用刑罚镇压百姓。在他的管理下，鲁国的人民安居乐业，卖肉的人不敢随意抬价，路上有人遗留了东西也没人捡起来，从其他国家来的客人全都受到客客气气的接待，像是回到自己家里一样。

齐国听说鲁国因为孔子而越来越好，十分紧张，就派人到鲁国国君鲁定公面前说孔子的坏话，让他疏远了孔子。孔子知道后，不得不与自己的弟子们离开鲁国，开始周游列国，希望寻找到能够实现他理想的国家。此时孔子五十五岁。

编写《论语》，弟子三千

鲁哀公十一年（公元前484年），周游列国十四年后的孔子终于又回到鲁国，他把精力都投放在教书育人、整理古书上。

孔子陆续完成了《诗》《书》《礼》《乐》《易》《春秋》等六部书的整理和修订，这几部书都对后世影响极大。孔子认为，看一个国家的文明程度，看这个国家的教化情况就可以知道了。如果这个国家的人温和、淳朴、忠厚，就是以《诗》教化的结果；如果这个国家的人博古通今有远见，就是以《书》教化的结果；如果这个国家的人豁达、平易而又善良，就是以《乐》教化的结果；如果这个国家的人内心洁净、精查隐微，就是以《易》教化的结果；如果这个国家的人恭敬、节俭而又端庄，就是以《礼》教化的结果；如果这个国家的人善于连缀文辞、排比史实，就是以《春秋》教化的结果。

公元前479年，孔子去世，终年七十三岁。孔子去世时，已经有了三千多个学生，各个国家都有他的得意门生。他去世后，他的弟子们把他平时的言行语录编成了《论语》，这本书到今天为止都是儒家经典。《论语》中不仅记载了许许多多孔子的生平故事，还留存了孔子思考人生的大智慧。

例如，孔子认为，学习最重要的是谦虚好学。有一次，孔子游历到卫国。卫国有一个大夫叫作孔圉（yǔ），卫国国君为了让后人学习和发扬他的好学精神，特别赐给孔圉一个"文"的称号。孔子的学生子

▲唐·阎立本所画孔子弟子

范遗坛杏

贡有些不服气，认为孔圉并不像人们所说的那么好，不应该得到那么高的评价。于是子贡愤愤不平地问孔子："凭什么孔圉能得到文的称号？"孔子说："因为孔圉十分聪敏又好学，常常虚心向比自己学问差和地位低的人请教，并且不把这个看作丢脸的事，所以他值得这个称号。"

直到今天，人们都还在学习孔子的智慧。

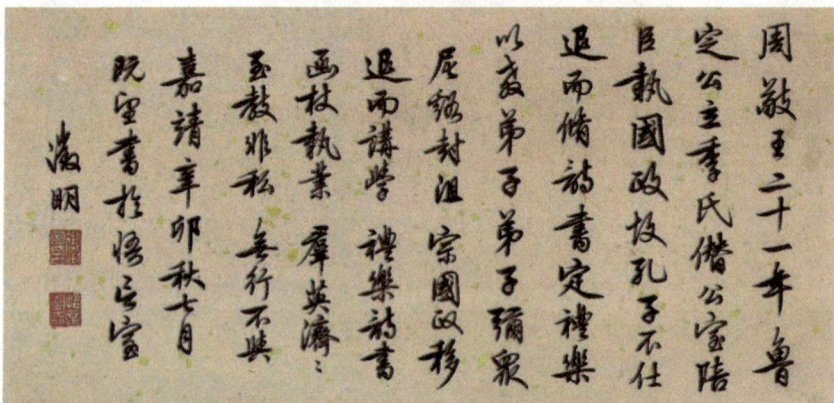

▲明·文徵明《孔子授书图》

心怀天下的孟子

孟子（公元前372年—公元前289年），名轲，字子舆，战国时期邹国（今山东省邹城市）人。孟子是中国古代著名的思想家、教育家，战国时期儒家代表人物。他把孔子的儒家思想继续发扬光大，成为仅次于孔子的一代儒家宗师，后人把他与孔子并称为"孔孟"，有"亚圣"之称。

孟母三迁与断机杼

孟子很小的时候，他的父亲就去世了，孟母独自一人带着他生活。孟母很重视孟子的教育，对他的管教十分严厉，希望他日后能够成才成贤。《三字经》中"昔孟母，择邻处。子不学，断机杼"讲的就是孟母为了孟子成长"三迁"和"断机杼"的故事。

一开始，孟子和母亲住在墓地旁边。孟子就和邻居的小孩一起学着大人跪拜，玩起办丧事的游戏。孟母看到了，皱起眉头："不行！不能让我的孩子住在这里了！"孟母带着他搬到了市集旁。到了这里，孟子又和邻居的小孩学起商人做生意吆喝的样子。孟母皱了皱眉，决定带孟子再次搬家。经过再三挑选，他们搬到了一所学校附近。常会有

孟母斷授教子圖

鄒孟軻之母也號孟母其舍近墓孟子之少也嬉遊為墓間之事踊躍築埋孟母曰此非吾所以居處子也乃去舍市傍其嬉戲為賈人衒賣之事孟母又曰此非吾所以居處子也復徙徙舍學宮之傍其嬉遊乃設俎豆揖讓進退孟母曰真可以居吾子矣遂居之至童稚既學而歸孟母方織問曰學所至矣孟子曰自若也孟母以刀斷其織孟子懼而問其故孟母曰子之廢學若吾斷斯織也夫君子學以立名問則廣知是以居則安寧動則遠害今而廢之是不免於廝役而無以離于禍患何以異於織績而食中道廢而不為寧能衣其夫子而長不乏糧食哉女則廢其所食男則隳於修德不為竊盜則為虜役矣孟子懼旦夕勤學不息師事子思遂成天下之名儒千古之亞聖君子謂孟母知為人母之道矣詩云彼姝者子何以告之此之謂也

乾隆二十八年歲次昭陽協洽臯月既濟生畫於西子湖題讀龜樓并識

清·康寿《孟母断机教子图》

官员到这里行礼跪拜，相互礼貌交谈，孟子见了也一一学会，变得更加知书达理。孟母终于满意地点点头，从此和孟子在这里定居下来。

后来孟子开始上学，起初对学习很有兴趣，但时间一长就很厌烦，常常逃学。孟母知道后十分生气，拿起剪刀就把织布机上的线剪断，并对孟子说："你荒废学业，就像我割断织布机上的线一样。这布是需要连续不断一丝一线地织起来的，一旦割断了，就再也无法织成。求学也是这样，如果你半途而废，就会离成为有用之才越来越远。"孟子听了后，明白了做事不能半途而废，而应持之以恒。

从此以后，孟子学习再没偷懒，最终成为一代大家。

周游列国，劝谏君王

孟子生活的时代，战争连年不断，老百姓苦不堪言。孟子决定周游列国，希望能游说各国国君推行儒家的"仁政"思想。

孟子先后去了齐、宋、滕等国家，到孟子五十三岁时，来到了魏国，见到了当时的梁惠王。梁惠王对孟子说："我尽心用力地治理国家，爱护百姓，却不见百姓增多，这是什么原因呢？"孟子打比方说："让我用打仗来比喻吧！双方军队在战场上相遇，免不了要进行厮杀。输的那一方免不了要丢盔弃甲逃命，假如一个跑了五十步的士兵去嘲笑一个跑了一百步的士兵贪生怕死，你说对不对？"梁惠王说："自然不对！"孟子接着说："同样的道理，你虽然照顾了百姓，但你喜欢打仗，百姓会成百上千地死去，这和邻国又有什么区别呢？"后来孟子觉得梁

亚圣孟子

孟子名軻字子舆一字子車魯公族孟孫之俊世居於

邹故為邹人父激公宜娶仉氏而生孟子受業於子思

子年七十四卒於家葬於邹縣東三十里四基山之西麓

宋神宗元豐六年追封邹國公嘉靖九年改稱亚聖

孟子

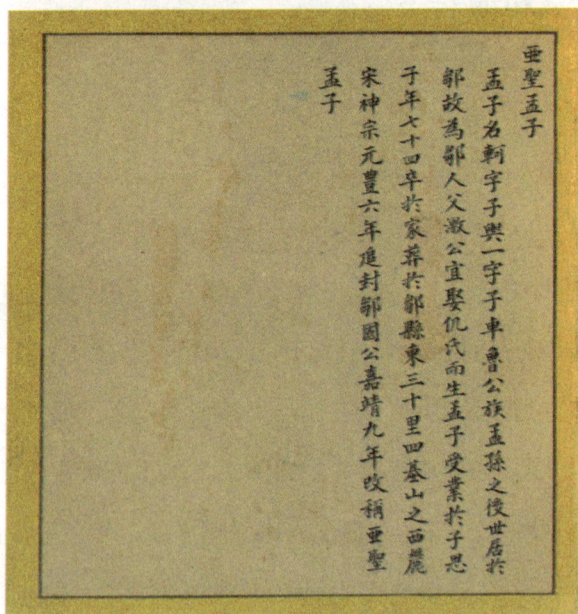

▲孟子像 清·无名氏《历代帝王圣贤名臣大儒遗像》

惠王一心向战，没办法施展他"仁政"的思想抱负，于是离开了魏国。

孟子又来到齐国。那时候的齐国国君为齐宣王，齐宣王昏庸无能，常常轻信奸佞谗言。孟子就对齐王打了一个比方："天下虽然有生命力十分顽强的生物，但假如把他放在太阳底下晒一天，然后再放到阴冷的地方冻十天，它哪里还活得成？"齐王说："这个道理很对！"孟子又接着说："大王您就好比这生命力顽强的生物，我跟您在一起的时间是很短的，王即使有了一点从善的决心，可是我一离开你，那些奸臣又来哄骗你，你又会听信他们的话，叫我怎么办呢？"

孟子六十多岁时，结束了二十多年的周游列国的生活，回到故乡邹国，专心教书育人，编书著书，最终留下了《孟子》一书，流传至今。《孟子》一共有七篇，是由孟子和弟子共同编著成的，记录了孟子的主要思想，也成为儒家学派的重要著作。

公元前 289 年，孟子去世。

道家祖师"老庄"

道家同儒家一样，也是春秋战国时创立，后发展成为中国重要思想流派。道家学派的代表人物是老子和庄子，他们常常被后人合称为"老庄"。

创立道家的老子

老子是春秋末期的大思想家，后被道教尊为始祖，就是我们熟知的"太上老君"。

老子，姓李，名耳，字聃（dān），所以老子也被称为"老聃"。老子出生在楚国，自幼聪慧好学，常常缠着让大人讲国家兴衰、祭祀占卜的事情。后来他向一位精通礼乐的老先生商荣学习天文地理、古今礼仪，日日与老师讨论人生哲理与治国之道。三年后，商荣对老子的母亲说，老子的学识已经超过了他，他已经没有什么能教授给老子的了。当时周朝的首都典籍如海，贤士如云，老先生看出老子天资聪颖，鼓励老子去周都深造。

老子的母亲担心老子在异乡无法照顾自己。老先生一眼就看出了她的难处，忙说自己有一位好朋友正好在周都做官府学校的老师，可

▲明·张路《老子骑牛图》

▲明·仇英《孔子圣迹图》之问理老聃

以照顾老子的衣食住行。老子的母亲这才放心地让老子外出求学。老子到周朝都城后，跟随老师商荣的朋友继续学习，并进入太学学习天文地理。老子的学问果然大有长进，不久便被推荐做管理图书的官员，这正好方便他继续研习各类学问。又过了几年，老子升任守藏室的史官。

老子因为博古通今而名扬四海，孔子就曾两次专程从鲁国前来，向他请教学问和做人的道理。老子晚年时，周王室内乱，老子看到周王室腐败不堪，决定辞官隐居。老子骑着青牛一路向西行，来到了函谷关。当时驻守函谷关的长官为尹喜，对老子十分敬佩。尹喜想让老子收他为弟子，但是老子以年龄大为由推辞了。尹喜坚持对老子说："先生您想出关也可以，但是得留下一部著作。"老子听后，无法推辞，就在函谷关写下了五千余字的传世经典《道德经》。

追随内心的庄子

庄子（约公元前 369 年—公元前 286 年），名周，战国时期宋国人。庄子是中国伟大的思想家、哲学家，他继承并发扬了老子的道家思想。

庄子年轻的时候做过宋国地方的漆园吏，但是因为看不惯官场的钩心斗角，不久之后辞职专心在家著书。庄子的生活十分清贫，只能靠卖草鞋、屠宰牛羊、油漆门窗等维持生计，有时甚至需要向别人借粮食。

但庄子的学识和贤德远近闻名，楚威王甚至派使者请他去做相国。但庄子对使者说："大王用千两黄金和至尊相位来请我，确实是相当了不起的事。但您见过祭祀时的牛吗？人们把牛喂养肥了，祭祀的时候也披红挂彩，但最终还是把它杀了。我宁愿在泥塘自寻快乐，也不想受一国之君的约束。我一辈子不想做官，让我永远自由快乐地生活吧。"庄子就这样笑着拒绝了楚王的高官厚禄，从此醉心于鱼鸟之乐中。

庄子喜欢清静无为的生活，他常常能从生活中悟出精妙的哲理。有一天，庄子在山中行走，看见一棵枝叶繁茂的大树。伐木的人停在那棵树旁却没有砍伐。庄子前去询问原因，伐木人答道："这棵树没有什么用处。"庄子思索片刻说："这棵树因为不成材，结果得以终享天年。"庄子出山，来到城里的朋友家。朋友很高兴，叫童仆杀一只雁款待庄子。童仆问："一只雁会叫，另一只不会叫，杀哪只？"主人说："杀不会叫的。"庄子的弟子很疑惑，问："树木因为不成材而不被砍，

▲清·金廷标《濠梁图》。这幅画的故事取自《庄子·秋水篇》，原文为："庄子与惠子游于濠梁之上。庄子曰：'鲦鱼出游从容，是鱼之乐也。'惠子曰：'子非鱼，安知鱼之乐？'庄子曰：'子非我，安知我不知鱼之乐？'惠子曰：'我非子，固不知子矣；子固非鱼也，子之不知鱼之乐，全矣。'庄子曰：'请循其本。子曰汝安知鱼乐云者，既已知吾知之而问我，我知之濠上也。'"

但雁却因为不成材被杀死，我们到底应该选择成材还是不成材呢？"庄子笑着说："不管是如何选择都会有祸害。因为这是人制定的规则，所以你会因处于尊位而被议论，无用则会被欺侮。真正的办法是遵循自然的法则做事，一切都随着时势而变化，这样就不会有褒贬，也就不会有祸害了。所以你真正要努力的方向，应该是去领悟这自然的法则。"这也就是庄子的"无为而治"的理念。

庄子一生崇尚自由，厌恶仕途，他继承并大力发展了老子的道家思想，与老子并称"道家之祖""老庄"。庄子坚持"忘我""贵生""道我和一""天地与我并生，万物与我为一"的精神境界，一生"著书十余万言，大抵率寓言也"。庄子的文章集中在《庄子》一书中。现存的《庄子》有三十三篇，文字雄美，想象力丰富，其中最经典的就是人们熟知的《逍遥游》，这不仅是一部哲学著作，更是一部文学著作。

大外交家晏子

春秋时期，齐国出了一个深谋远虑的政治家，叫作晏婴。他是齐国的三朝老臣，辅佐三代君王五十多年，被人们尊称为"晏子"。晏子（？—公元前500年），名婴，字仲，夷维（今山东省高密市）人。晏子能言善辩，富有政治远见，外交能力一流，在当时的诸侯国之间很是出名。

华而不实

晏子常常用精妙的譬喻来批评君王。有一次齐景公对晏子说："东海里有一片红色水域，那里的枣树只开花不结果，这是什么原因？"晏子回答："从前，秦穆公乘龙船巡视天下，用黄布包裹着蒸枣。龙舟泛游到东海，秦穆公抛弃裹枣的黄布，使那黄布染红了海水。又因枣被蒸过，所以只开花，不结果。"

齐景公不满意地说："我装着问，你为什么对我胡说八道？"晏子说："对于假装提问的人，也可以虚假地回答他。"齐景公只能悻悻地沉默了。

二桃杀三士

晏子机智过人，为齐景公化解了多次危机。齐景公手下有三个猛士，虽然武力高强，但居功自傲。晏子认为他们将是政治隐患，建议齐景公杀掉他们。齐景公担心无法用武力制服他们三个，于是晏子想了一条妙计。

他让齐景公赏了三个人两个桃子，让他们论功而食。其中两人都先后报出自己的功绩，分别拿了一个桃子。这时剩下的一人认为自己的功绩更高，拔剑怒斥前两个人。那两个人一听，十分羞愧，就把自己的桃子都让出来，并挥剑自尽了。而第三人见状，觉得吹捧自己羞辱别人的话太丢脸面，也拔剑自尽。

就这样，晏子靠着两颗桃子，兵不血刃地为齐景公除掉了心头大患。

▲西汉墓墓室壁画《二桃杀三士》

晏子使楚

晏子不仅帮助齐王解决国内的政治问题，也是一位能言善辩的外交家。他最脍炙人口的事迹之一，便是他出使楚国的故事。

晏子作为使者出使楚国，楚王知道晏子身材矮小，就命人在城墙大门旁开了个小门，请晏子从此处钻过去。晏子明白楚王是存心戏弄他，便笑着说："到'狗国'才走狗洞，我现在出使楚国，不应该走狗洞啊！"楚国的官员只好乖乖地请晏子从大门进去。

进入王宫后，晏子拜见楚王。楚王打量了一下晏子说："难道齐国没有人了吗？竟派您做使臣。"晏子不慌不忙地回答说："齐国首都临淄有七千多户人家，展开衣袖可以遮天蔽日，挥洒汗水就像天下雨一样，人挨着人，肩并着肩，脚尖碰着脚跟，怎么能说齐国没有人呢？"

楚王追问说："既然这样，为什么派你这样一个人来做使臣呢？"晏子笑着回答说："齐国派遣使臣，各有各的出使对象，贤明的使者被派遣出使贤明的君主那儿，不肖的使者被派遣出使不肖的君主那儿，我是最无能的人，所以就只好委屈地出使楚国了。"楚王自讨没趣，便不作声了。

后来又有一次，晏子出使楚国，楚王高兴地请晏子喝酒。酒过三巡，大家兴致正高的时候，两个小官绑来一个人跪在楚王面前。楚王故意问："绑着的人是做什么的？"来人说："他是齐国人，犯了盗窃罪。"楚王不怀好意地看着晏子问道："齐国人如此擅长偷窃吗？"晏子离开座位，恭敬地答道："我听说淮南的柑橘又大又甜，但到淮北却只能结出又小又苦的枳。齐国人在齐国安居乐业，怎么一到楚国就做起盗贼来？莫非楚国的水土让百姓偷东西吗？"楚王自知理亏，笑了笑说："果然不能同圣人开玩笑啊。"

齐景公四十八年（公元前 500 年），晏子去世，他的许多故事都记载于《晏子春秋》，至今为人们所津津乐道。

大军事家孙膑

孙膑是战国中期的大军事家，是齐威王的得力助手。相传，孙膑是写出《孙子兵法》的孙武的后代。

同窗陷害，出逃齐国

孙膑，字伯灵，因遭受膑刑故称为孙膑。孙膑与庞涓同窗，二人一同拜师学习兵法。庞涓为人阴险而有野心，他学业未成就自以为是地离开，去魏国做了魏惠王的将军，凭借自己的才能显赫一时。

但庞涓听闻孙膑曾经获得老师密授的兵法之学，十分不安，认为自己的才能比不上孙膑，担心有一天会被孙膑抢走风头。于是他暗地里派人找借口把孙膑请到魏国，方便监视和控制。庞涓将孙膑推荐给魏惠王，魏惠王尊孙膑为客卿，但没有给孙膑实际的权力。

孙膑来到魏国后，常常在魏惠王面前展现自己的才能。庞涓很是恼火，决定除之而后快。庞涓向魏惠王诬陷孙膑与齐国私通，魏惠王大怒，下令对孙膑处以膑刑和黥刑，也就是挖去孙膑的膝盖骨并在脸上刺字。庞涓还假惺惺地向魏惠王请求免孙膑一死，但条件是孙膑把兵法之学教给他。孙膑识破了庞涓的诡计，一个字也不愿意说，装疯卖傻欺骗庞涓。庞涓便将孙膑关进大牢，继续折磨他以逼他开口。

所幸这时齐国使者来到魏国，孙膑想办法用刑徒的身份秘密拜见了齐国使者，使者看出了孙膑不同凡响，便偷偷地用车将他载回齐国。逃到齐国的孙膑得到了将军田忌的赏识，成为田忌家中的门客。

中国现存最早的兵书《孙子兵法》

《孙子兵法》的作者孙武是春秋末期的齐国人。他从齐国流亡吴国，帮助吴王治军，威震天下，被尊为"兵圣"。后来他把毕生练兵经验写入这本《孙子兵法》，这本书是中国现存最早的兵书，被誉为"兵学圣典"。这本书全书有六千多字，一共十三篇，包括了战争的准备、指挥、机变、地理和特殊战法等部分。后世古今中外的许多大将，都曾从中得到启发，赢得战争。

田忌赛马，以弱胜强

孙膑成为田忌的门客后，常常去看田忌与齐国诸公子赛马，这是田忌最喜欢的活动。有一次，齐威王约定，要进行一场比赛。田忌总是用上马对齐威王的上马，中马对中马，下马对下马。由于齐威王每个等级的马都比田忌那个等级的马好，赛了几次，田忌都输了，觉得十分扫兴。

孙膑暗暗观察了整场比赛，心中有了一条妙计，便对田忌说："下一轮比赛，您只管下注，我定能让您取胜。"田忌疑惑地问："那现在去哪里换马？"孙膑笑笑说："一匹马都不用换，您只管听我安排马便好。"

第一场比赛，孙膑让田忌的下等马对齐王上等马，意料之中输了。第二场比赛，孙膑让田忌的上等马对齐王的中等马，没想到获胜了。第三场比赛，孙膑用中等马对齐王的下等马，又胜了一局。如此比了三回，三局两胜，田忌赢了齐威王。

齐威王得知田忌是因为有一位谋士才反败为胜，便召见了孙膑，孙膑因此成为齐威王的军师。

设伏歼敌，大败庞涓

在孙膑的出谋划策下，齐国在与魏国的战争中屡屡获胜。公元前341年，魏国攻打韩国。韩国向齐国求助，齐威王以田忌为主将、孙膑为军师，攻打到魏国首都大梁，迫使魏军急忙从韩国撤军返回魏国，而领军之人正好是之前陷害孙膑的庞涓。

孙膑深知魏军和庞涓自恃甚勇，一定会轻敌。他决定制造齐军怯战的假象，诱敌深入，再设伏围歼。他命令进入魏国境内的齐军第一天埋设十万个做饭的灶，第二天减为五万个，第三天减为三万个。庞涓行军查看这些留下的灶后，很是高兴："齐军果然跑了一大半！"于是他丢下步兵，只带了些精锐骑兵追击齐军。

孙膑估算到庞涓天黑能行至马陵，而那里道路狭窄，两旁又多是险峻的关隘。孙膑命人把道旁大树的树皮剥掉，露出白木，并在树上

▲孙膑马陵伏弩（出自《马骀画宝》）

写下一行字："庞涓死于此。"然后他命令一万名弓弩手埋伏在道路两旁，并下令，天黑之后，如果看到这里有火光，就一同射箭。

夜里，庞涓果然带兵赶到此处，他隐约看到白木上写着字，于是点火想一看究竟。结果字还没读完，齐国的伏兵就万箭齐发，魏军大乱。庞涓自知已经无力回天，于是拔剑自刎。

齐军乘胜追击，歼灭魏军数十万人，俘获了魏国太子。正是在这一场战争中，魏国元气大伤，失去霸主地位。此后，齐国取而代之，成为东方霸主。

战国四公子

战国末期，秦国的势力越来越大。各国贵族为了对抗秦国，竭力网罗人才。他们广招宾客，扩大自己的势力，因此"养士"之风盛行。而其中最为著名的就有魏国的信陵君魏无忌、赵国的平原君赵胜、楚国的春申君黄歇、齐国的孟尝君田文，他们被后人合称为"战国四公子"。

信陵君魏无忌：窃符救赵

魏无忌是魏昭王的儿子，魏昭王去世后，他的哥哥安釐王继位，封魏无忌于信陵，因而他被称为信陵君。

魏无忌为人宽厚，礼贤下士，各国士人都争相归附于他，他门下最多时有三千食客。因此，各国都很忌惮他的影响力，十多年不敢动兵侵犯魏国。而在国家危难之时，魏无忌身后的门客也帮助他屡立奇功，转危为安。

公元前 257 年，秦国的军队包围了赵国都城邯郸，赵国形势危急万分。赵国丞相平原君的妻子是魏无忌的姐姐，她派人向魏国求助。魏王便派将军晋鄙领兵十万前去救赵。秦国派人威胁魏王："如果谁敢

▲清·吴历《人物故事图册》之信陵君

救赵，我一定会攻打它！"魏王一听，赶紧叫晋鄙原地待命。而另一边，赵国情况愈加危险，平原君多次派使来催促魏军，魏无忌和其他大臣千方百计劝说魏王，但魏王仍旧按兵不动。魏无忌看在眼里急在心上，决计自己带着门下宾客去战场上与秦军决一死战。

魏无忌离开时，见到了门下的侯嬴。侯嬴劝说他，此事不可强攻，只能智取，并献上一条妙计。侯嬴说："晋鄙的兵符就放在魏王的卧室，魏王的宠妃如姬可以随时出入然后将其偷出。您曾经帮助如姬报了杀父之仇，她一定愿意回报您的恩情。如此，您便能够得到晋鄙的军权。"魏无忌听从了这一建议，顺利拿到兵符，起身前去调兵。

侯嬴对魏无忌说："如若晋鄙见了兵符仍旧不听从，就可以让我的屠夫朋友朱亥杀死他。"魏无忌来到营地，晋鄙果然起了疑心，朱亥见状杀死了晋鄙。魏无忌就这样接管了军队，最后挑出精兵八万人开赴前线。秦军见状撤离，邯郸得救，赵国也安然无恙。

魏无忌因此得罪了魏王，只能在赵国居住，十几年后才回到魏国。

平原君赵胜：使楚求援

平原君赵胜是赵武灵王的儿子，他的哥哥赵惠文王将他的封地封在东武城，被大家称为"平原君"。他和信陵君一样，贤德爱民，门下也有食客上千人。故而在秦国围攻邯郸时，他的门客也出力不少。

秦国攻打赵国都城邯郸时，赵孝成王派赵胜去楚国求援，赵胜需要挑选二十位文武兼备又有勇有谋的门客与他同去，结果选得十九人，还差一位人选。这时候他门下有一个叫作毛遂的人走上前来，推荐自己。赵胜问："您来我的门下几年了？"毛遂说："三年了。"赵胜皱了皱眉头："贤能的人在世上，就像是把锋利的锥子放在口袋里，立即就显出锋芒。您在这里已经三年了，大家都没有特别赞扬您，说明您没有特别的才能。请您留下吧。"毛遂说："我不过今天才请求进您的口袋中罢了。要是我早点就在口袋中，早已露出锋芒。"平原君一听觉得此人不简单，便带上他一同前行。

一路上，毛遂与其他十九个同伴谈论天下局势，其他人无不佩服他的才识。到了楚国，赵胜与楚王谈判一整天还没结果，但赵国情势已经是火烧眉毛了。毛遂便大步走上前去，大声说道："出兵之事，非利即害，简单明白，为何现在还没有结果？"楚王十分恼火，得知他是平原君门客后，呵斥他赶紧退下。毛遂非但未退，反而走上前去，手按宝剑，说："楚国虽然人多势众，但如今十步之内，大王的性命就在我手中！"楚王见状，心头一惊，见他勇猛非凡，便请他继续讲下去。毛遂有条不紊地把出兵援赵对楚国的益处一一做了分析，楚王听了心悦诚服，答应出兵。几日后，楚国的军队就和魏国的援军一同到达，秦军因此撤退。

平原君感慨，自己识人无数竟然把这样的人才遗漏了，此后他把毛遂尊为上宾。

春申君黄歇：退秦护君

黄歇是楚国的大臣，四公子里面唯一不是王室的人。他年少时就聪颖过人，四处拜师，博闻善辩。早在楚考烈王的父亲楚顷襄王做国君时，他就深得楚王赏识，曾孤身入秦，凭借过人的智识，劝退秦军入侵楚国。

公元前278年，秦军大举攻打楚国，接连拿下几座城池，逼得楚国迁都。但直到六年后，楚顷襄王才派出黄歇前去求和。当时，秦昭王命大将白起联合韩赵两国的兵力一起攻打楚国。黄歇此时恰好在秦国，听说此事后，上书秦昭王："如果秦楚相争，必定两败俱伤，他国必收渔翁之利。不如秦楚联盟，一起对付其他国家。"秦昭王一听觉得有理，便派遣使者备上厚礼与楚国结盟。

楚国因此免去了一场灾祸，但黄歇和楚国太子熊完作为人质被扣留在秦国整整十年。

公元前263年，楚顷襄王病重，但秦国拒绝了熊完回国的请求。秦国丞相范雎是熊完的好友，黄歇通过他说服秦王："如果楚王逝世，熊完回去继任为新的国君，必定与秦国交好；但反之，若是利用熊完要挟楚国，楚国另立太子，秦楚关系就会破裂，而熊完也没有价值了。"秦昭王听完后，决定派人先去楚国看看情况。

黄歇此时已经在为熊完考虑退路，他让熊完扮成使者的车夫逃出了秦国，他自己却为了掩护熊完没有离开。等熊完离开后，他才向秦王道出实情。秦王大怒，想要杀死黄歇，范雎劝道："如若熊完即位，必会重用黄歇，不如放他回去，表达秦国的亲善。"秦王同意了，并遣送黄歇回到楚国。

回到楚国三个月后，楚顷襄王去世，熊完即位，即楚考烈王。黄歇被封为相，赐淮北十二县土地。

黄歇不仅率军南征北伐，也招纳了许多贤士，缔造了楚国的智囊团。在他的帮助下，楚国愈发强盛。

孟尝君田文：智逃秦国

田文是齐威王的孙子。他的父亲齐靖郭君田婴有四十多个儿子，起初并不待见他，但后来田文凭借自己的才识最终得到了父亲的认同，并承袭了父亲的爵位和封地。他同其他公子一样，喜欢招揽门客，甚至犯罪逃亡的人，他也将之收纳门下。

公元前299年，田文率领众多门客代表齐王出使秦国。秦昭王对田文的才谋早有耳闻，立即让他在秦国做宰相。但秦国的大臣们极力劝阻："他毕竟是齐王的兄弟，事事必定为齐国先做打算！"秦王一听有理，就把田文囚禁起来，并准备杀掉田文。

秦王有一个宠妃，说话很有分量。田文知道这些消息后，连忙派人向这位宠妃求救。宠妃提出一个条件："我想要您的白色狐皮裘。"田文的确有这样一件宝物，价值千金，天下独一无二，但他已经献给了秦昭王。田文急得抓耳挠腮，他的一个门客站出来说："我没什么学识，但是我很擅长偷东西，让我来助您一臂之力吧。"于是，门客当夜披着狗皮，化装成狗，钻入秦国王宫的仓库，偷出了那件狐皮裘，献给了宠妃。经过宠妃的说情，秦昭王放了田文。

田文获释后，担心秦王反悔，改名换姓，乘车逃离。果然，秦王后悔放走了他，立即派人去追。不过已经是夜半时分，田文也已经跑到了秦国的关口函谷关。然而依照函谷关的规定，一定要等到公鸡鸣叫才能放人出关。眼看追兵就要赶上，此时一位门客站出来说："我没有什么能力，但我很会学鸡叫。"门客一学鸡叫，附近的鸡都跟着鸣叫起来，关口也因此开放，田文等人因此安全出关。

回到齐国后，田文担任了齐国的宰相，执掌国政，威震朝野。

有勇有谋的蔺相如

蔺相如是战国时期著名的政治家、外交家，帮助赵国化解了多次危机。

完璧归赵

公元前 283 年，赵惠文王时，赵国得到了楚国的和氏璧。秦昭襄王听说了这件事，给赵王去信，说愿意用十五座城池交换和氏璧。赵王很为难，如果把和氏璧给秦王，万一得不到城池，就白白受骗；如若不给，又怕秦兵打过来。正在纠结之时，有人向赵王推荐了蔺相如，说他有勇有谋，适合出使。赵王召见了蔺相如，询问他破解之法。赵王问蔺相如："秦国想用十五座城池和我交换和氏璧，能答应吗？"蔺相如回答道："秦国强，赵国弱，不能不答应。"赵王说："如果秦国得到了和氏璧，但是不给城池，怎么办？"蔺相如说："秦国想以城换璧，赵国如果不答应，那么赵国理亏；赵国给了宝璧而秦国不给赵国城池，那么秦国理亏。两相权衡，宁可答应秦国，让秦国来承担理亏的责任。"

赵惠文王大赞蔺相如的分析，便放心地让他带着和氏璧出使秦国。

　　见到秦昭王后，蔺相如捧着和氏璧献给秦昭王。秦昭王大喜，但丝毫没有要交换城池的意思。蔺相如便走上前去，说："大王，这璧上有一个小红斑，我指给您看。"秦王毫无防备地把璧给了他。拿到璧后，蔺相如立即退后几步站定，身体靠着柱子，厉声对秦王说："大王想得到宝藏，大臣们都担心您不会信守承诺。但我认为大王并不是这样的人，我们赵王斋戒五天，派我恭敬地将宝物送来。这是对您表示尊重啊！但大王只是在游乐的地方接待我，又表现得如此傲慢。而且似乎也并没有给赵王城池的意思，那么我现在收回宝物。如果大王一定相逼，那今天我的头就和宝物一同在柱子上撞碎。"

　　秦王怕蔺相如真的撞碎和氏璧，立即向他道歉，还拿出地图指出哪些城池要交割给赵国。蔺相如知道秦昭王不过是用缓兵之计假意允诺，于是他对秦昭王说："和氏璧是天下公认的宝物，需要斋戒五天，然后举行九宾大典才能接受。"秦王虽不愿意，但也勉强答应了。趁着这五天的空当，蔺相如派他的随从乔装成平民，藏好宝物，从小道逃走，将和氏璧送回了赵国。

　　五天之后，秦王高兴地准备好典礼，准备迎请宝物。蔺相如到来后，对秦昭王说出了实情。有人建议杀掉蔺相如，但秦王思忖后说："如今杀了他，也终归得不到宝物，反而伤了两国交好，不如好好款待，送他回国罢了。"

　　蔺相如回国后，赵惠文王认为他十分称职，封他为上大夫。

▲清·吴历《人物故事图册》之蔺相如完璧归赵

渑池之会

几年间，秦国与赵国多次交战，都损失惨重，秦昭王想和赵国讲和，以便集中兵力攻打楚国。公元前279年，秦昭王与赵惠文王相约在渑池会盟。

赵惠文王很害怕秦国，因此不想去赴约。蔺相如和将军廉颇劝谏道："如果您不去，就显得赵国懦弱胆小。"于是赵王同意赴会，蔺相如随行。

两王相见，酒兴正浓时，秦昭王故意说："听人说赵王爱好音乐，不如您来弹奏几曲吧！"赵王不好推辞，只能照做。秦国的史官立即写道："秦王与赵王饮酒，赵王为秦王弹瑟。"蔺相如见状，走上前去说："赵王也听说秦王擅长击打瓦缶，不如也一起加入演奏，以示同乐！"秦王大怒，拒绝了蔺相如的要求。蔺相如上前递上瓦缶，跪请秦王演奏。秦王仍旧拒绝，蔺相如一字一顿地对秦王说："您若不答应，这五步之内，我拼了命也要将我脖颈的血溅在您身上！"侍从想杀蔺相如，但被他大声喝退。秦王无可奈何，只得敲了一下缶。蔺相如回过头让赵国史官也写上："秦王为赵王击缶。"

酒会继续进行。秦国的大臣们说："请你们用十五座城向秦昭王祝寿。"蔺相如马上回击说："那请你们用秦国的咸阳向赵惠文王祝寿。"直到酒宴结束，秦昭王始终也未能在口舌上压倒赵国。而赵国本也部署了大批军队来防备秦国，秦国因此不敢轻举妄动。

渑池会结束以后，蔺相如居功至伟，被赵王封为上卿。

大事記

距今约170万年前：旧石器时代早期的元谋人已经生活在中国云南的元谋一带

距今约70万年到20万年：北京人生活在北京周口店一带

距今约1.8万年：山顶洞人生活在北京周口店龙骨山一带

距今约5000年到7000年：出现了母系氏族公社

距今4000年到5000年：出现了父系氏族公社，典型代表是山东省的大汶口文化

距今约4000年：传说中的炎帝和黄帝、颛顼、帝喾和尧、舜、禹作为部落首领的时代

约公元前2070年：夏启建立夏朝，是中国历史上第一个朝代

约公元前1600年：商汤在鸣条与夏桀大战，夏朝灭亡，商朝建立，这是中国第一个有同时期文字记载的王朝

约公元前1300年：盘庚迁移，商朝因此被称为殷商

约公元前1046年：周武王在牧野与商纣王大战，商朝灭亡，周

朝建立

约公元前1045年：周武王大封皇族及功臣，封邦建国

公元前841年：国人暴动，周厉王出逃镐京

公元前771年：周幽王时期，犬戎攻入镐京，周幽王被杀，西周

结束

公元前770年：周平王迁都洛邑，东周春秋时期开始

公元前744年：郑庄公即位

公元前722年：郑庄公平定叔段之乱

公元前685年：齐桓公即位，任管仲为相

公元前656年：齐桓公率鲁、宋等七国联军伐楚

公元前651年：齐桓公葵丘会盟，成为春秋首霸

公元前638年：宋、楚泓水之战，宋襄公败

大事記

公元前632年：晋、楚城濮之战，楚军大败，晋文公称霸

公元前623年：秦穆公称霸西戎

公元前597年：晋楚邲之战，晋军大败；楚庄王称霸

公元前551年：孔子出生

公元前506年：吴王阖闾伐楚

公元前496年：越王勾践大败吴军，阖闾死；吴王夫差即位

公元前473年：越王勾践灭吴

公元前453年：三家分晋，战国开始

公元前379年：田氏代齐

公元前359年：商鞅开始在秦国变法

公元前353年：齐国围魏救赵

公元前341年：马陵之战，齐国孙膑大败魏军

公元前284年：燕国大将乐毅率领五国联军讨伐齐国

公元前283年：蔺相如完璧归赵

公元前278年：秦将白起攻入楚国都城，楚国迁都。诗人屈原

投江

公元前270年：范雎入秦，秦实行远交近攻计

公元前260年：长平之战，秦白起大破赵括

公元前257年：信陵君窃符救赵，春申君领军援赵，大退秦军

公元前256年：秦灭周

公元前238年：秦王嬴政亲政

公元前227年：荆轲刺秦失败

公元前230年到公元前221年：秦灭六国

公元前219年：秦灭百越，统一中国